규슈, 이런 여행

지리학자 3인의 규슈 이야기

규슈, 이런 여행

푸른길

머리말

누군가 나더러 평생 해 온 내 여행을 한마디로 정리해 보라고 하면, 선뜻 대답이 안 나온다. 굳이 하자면, "안 가 본 곳은 있어도 한 번 가 본 곳은 없다." 정도로 남의 이야기를 패러디하면서 궁색하게 답할 것 같다. 여행에 관한 이런 태도는 생업(지리학 교수)과 관련된 것이라 후천적으로 체질화된 측면이 다분하다. 쉽게 설명하자면, 새로운 장소는 실패할 확률이 높아 처음 가는 곳은 혼자서 미리 가 보지 결코 남들과 함께 가지 않는다. 하지만 혼자 찾은 곳이 그럴듯하다면 여행의 결과는 늘 다른 이에게 소개하는 것으로 마무리한다. 이러다 보니 "안내에 실패한 가이드는 용서해도, 배식에 실패한 가이드는 용서할 수 없다."라는 내 엉뚱한 패러디에는 여행에 대한 나름의 압박감이 숨겨져 있다.

사실 어쩌다 가게 된 중국 신장웨이우얼의 카슈가르나 오스트레일리아의 서쪽 끝 도시 퍼스처럼 단 한 차례 방문한 곳도 수없이 많다. 하지만 아무 연고도 없는 울릉도를 14번이나 다녀왔고, 지금부터 이야기하려는 규슈에만 30여 번 갔으니 내가 이야기보따리를 풀어 놓을 만한 곳, 제법 된다. 그렇다고 아무에게나 떠벌릴 수는 없다. 내 삶과 이력을 이해할 만한 가족, 친구, 후배, 제자들에게는 선뜻 어딜 가자고 먼저 제안하고, 동의하면 같이 간다. 시행착오를 거쳐 나름 엄선된 여행지를 쉽게 가 볼 수 있다는 장점과 국립대 지리학 교수가 안내한다는 또 다른 외피를 쓰고 있으니, 그들로서는 결코 손해 볼 장사가 아니다.

그러나 나에게 어딜 가면 좋겠냐고 묻는 사람에게는 될 수 있는 한 입을 다문다. 왜냐하면 여행에 대한 그 사람의 태도는 말할 것도 없고, 경험, 목적, 시간, 자금, 방식, 능력, 지식 등 고려해야 할 사항이 너무나 많기 때문이다. 설령 자세히 조언해 주더라도 그걸 참고해 여행일정을 스스로 마련해 떠나는 경우가 지금껏 거의 없었다는 것이 내 경험이다. 한편 같이 여행 가자고 하는 사람과도 가급적 여행을 삼가한다. 물론 그런 제안을 받은 적도 드물지만, 내 한정된 시간과 여유 자금은 내가 추구하는 여행에도 늘 모자라기 때문이다. 여행에서 '아는 것만큼 보인다'라는 말도 맞지만, '남이 장에 간다고 하니 거름 지고 나서는' 식의 여행도 곤란하다.

남들은 여행기 써서 유명해지고 여행 관련 SNS 스타가 되어 돈도 많이 번다는데, 그 정도 콘텐츠 가지고 있으면서 왜 하지 않냐고 주변에서 채근도 많이 받았다. 그중에서 20권 가까이 되는 내 책을 대부분 출판해 준 ㈜푸른길 김선기 사장의 간곡하지만 위압적인 제안을 이제 더 이상 거절할 수 없었다. 책이란 독자를 겨냥한 것이고 그 타깃이 정확하지 않으면

공염불이나 자기도취에 지나지 않는다는 것을 너무나 잘 알기에, 여행 관련 글을 쓰는 것에 정말로 자신이 없었다. 더 솔직히 말하자면 대중적 글솜씨도 큰 걱정거리였다. 하지만 하기로 했다. 아직 시작도 하지 않은, 하지만 결코 판매량을 보장할 수 없는, 내 인생 마지막 책의 출판을 부탁하려면, 사장님의 제안을 결코 무시할 수 없었다. 주제도 정확하게 지적했다. '규슈'라고…….

1999년부터 시작된 나의 일본 여행도 어언 25년가량 된다. 일본 여행이라 해서 규슈만 다닌 건 아니다. 번역서『사카모토 료마와 메이지 유신(2014)』을 위해 사카모토 료마坂本龍馬의 고향 고치高知를 비롯한 시코쿠 일대를, 졸저『에노모토 다케아키와 메이지 유신(2017)』을 쓰기 위해 에노모토 다케아키榎本武揚가 맹활약한 홋카이도 일대를 누비고 다녔다. 사쓰마薩摩와 더불어 메이지 유신의 쌍벽인 조슈長州의 본향 하기萩, 번역서『조선 기행록(2010)』의 저자 고토 분지로小藤文次郞의 고향 쓰와노津和野, 일본 최대의 카르스트 지대인 아키요시다이秋吉台, 과거 일본 최대의 은광 이와미石見 등이 모여 있는 혼슈 남서부 지역도 만만치 않게 돌아다녔다. 센다이, 아이즈와카마쓰, 아오모리, 니가타, 아키타 등의 동북지방은 물론 남들이 많이 가는 교토, 오사카, 나고야, 도쿄도 꽤 많이 다녔다. 게다가 오카야마가 내 출생지이니 주변 히메지뿐만 아니라 주고쿠中国 산지를 넘어 돗토리도 여러 번 다녀왔다. 한때 일본 100대 명산의 완등을 목표로 등산도 다녔지만 10개를 넘기지 못하고 포기하고 말았다. 그중에는 일본 북알프스에 있는 3,180m 높이의 야리가다케槍ヶ岳 정상에 오른 적도 있다.

정확히 어느 시점인지 알 수 없으나, 1990년대 후반 해외여행 붐과 더불어 지리학 교수로서 나만의 외국 여행지가 있어야 한다고 깨닫기 시작했다. 내 학창 시절과는 달리 외국 답사에 대한 학생들 요구도 한몫을 했는데, 결국 나만의 해외 연구지역으로 규슈를 선택하였다. 진주와 부산이 근무지였던 내게, 규슈는 가장 쉽게 접근할 수 있는 외국이었고, 규슈가 아닌 일본 다른 곳으로 가는 경우라도 배를 타고 후쿠오카에 도착한 이후 신칸센이나 렌터카로 일본 전역의 목적지로 향할 수 있었다. 가깝다는 이점뿐만 아니라 규슈는 여러 면에서 매력적이었다. 산악, 바다, 화산, 섬, 식생 등 자연환경도 다채롭고, 태풍의 길목이라 여행 중 태풍을 만나기도 하지만 특히 기후는 쾌청하고 온화하다. 그뿐만 아니라 나가사키, 히라도, 같은 에도 시대 개항장이나 시마바라, 아마쿠사와 같은 기독교 박해 역사 공간도 존재하고, 고대부터 이어져 온 우리와의 교류 흔적도 곳곳에서 발견할 수 있다.

그럼 규슈에 대해 뭘 써야 할까?

김 사장님이 내 이야기 중 대중성이 있다고 생각하는 것은 무엇일까? 여행에 관한 철학적 논의는 내 능력 밖이자 대중성을 확보할 수 없을 것이다. 그건 암체어armchair 지리학자의 몫이지 나 같은 더티붓dirty boot 지리학자에게는 어울리지 않는다. 그렇다고 규슈의 지역성을 밝히는 정통 지역지리는 철학적 논의만큼 시장성이 '꽝'일 거라는 것, 김 사장님 역시 지리학과 졸업생이자 지난 20여 년간 수백 권의 지리학책을 출판한 경영자이니 너무나 잘 알고 있을 것이다. 그렇다고 시중에 나와 있는 여행안내서에 한 권을 추가하는 것이나 신변잡기로 흐를 가능성이 농후한 여행 에세이도 아닐 것이다. 결국, 규슈 주요 여행지의 정보를 담은 여행 안내서와 여행 당시 현장 감각을 풀어놓는 여행 에세이 둘 사이의 절묘한 절충점을 요구하고 있다고 잠정적으로 결론지었다.

절충점, 접합점, 말이 쉽지 그런 글을 쓴다는 자체부터 고난한 여정일 수밖에 없다. 그렇다고 그 지점이 과연 출판사 입장에서 원하는 것이고, 또한 시장에서도 통용될 것인가는 별개의 문제이다. 하지만 그런 고민은 잠시 접어두고자 한다. 비겁하게 들릴 수도 있겠지만, 비즈니스는 결국 출판사의 몫이고 난 그저 최선을 다해 글을 쓸 뿐이다. 이번 일이 결코 쉽지 않은 과제이겠지만, 젊은 시절 승진과 무관하게 연구비도 없이 마구 써대던 학술논문이라 생각하고, 지금부터 6개월을 맹렬히 투자해 볼 작정이다.

이 책 텍스트는 나 혼자서 쓰고 있지만 저자는 3명이다. 나 혼자 일본을 다녀온 적도 많지만, 절반가량은 둘과 동행을 했다. 어떤 때는 후배 김성환 교수와 어떤 때는 제자 탁한명 박사와 또 어떤 때는 우리 3명이 함께 다녀오기도 했다. 물론 운전은 언제나 이 둘의 몫이다. 난 영국에서 3년가량 살았기에 오른쪽 운전이 익숙하지만, 일본에서 한 번도 핸들을 잡은 적이 없다. 처음에는 이들에게 기회를 준다는 의미에서 운전하도록 했지만, 익숙해지자 아예 핸들을 줄 생각도 하지 않는다. 내 운전 솜씨가 미덥지 않은 모양이다. 물론 불만은 없다. 요즘 통풍으로 맥주를 자제하지만, 조수석이나 뒷좌석에 앉아 즐기는 산토리 프리미엄몰츠의 쌉쌀한 맛을 운전하는 그들은 잘 모를 것이다. 빼꼼히 연 차창 사이로 스며드는 규슈 해안가 맑은 공기와 맥주 향이 서로 뒤엉기는 순간이 지금도 생생하게 떠오른다. 내가 운전하지 않는 숨겨진 이유이다.

이런 형편이니 내가 쓴 텍스트는 이 둘의 교정을 거치지 않을 수 없다. 게다가 사진 자료는 나보다 그들이 더 많이 보관·정리해 두었고, 기억력과 기술력의 한계로 지도 작업은 둘 중 하나가 할 수밖에 없다. 우린 분업을 하기로 했다. 나의 초고에 맞춰 사진 정리는 김성환 교수가 하기로 했고, 지도 작업은 탁한명 박사가 맡기로 했다. 우리 셋은 10년 전『한반도 지형론』번역 작업도 함께한 적이 있다. 우린 나이 차에도 불구하고 가족들까지 시샘할 정도의 브로맨스를 과시한다. 하지만 요즘 이 둘은 나 몰래 각자 일본 여행을 다니는 모양이다. 그들에게도 후배나 제자가 있고 또 가족이 있으니 당연한 일이다. 3명이 달려들어 만든 게 겨우 이 정도냐고 힐난한 독자도 있으리라 생각한다. 처음 시도하는 작업이라 양해 바란다. 이 책이 계기가 되어, 시코쿠, 홋카이도, 혼슈 각지의 아주 멋진 여행기가 이들의 손에서 계속 나오길 기대해 본다.

참, 이 책 맺음말은 원고, 사진, 지도를 수합해 편집자와 계속 접속하면서 마무리를 진두지휘한 탁한명 박사가 썼다.

차 례

규슈 남부

규슈·규슈 여행·규슈 이야기

01
규슈 일반

오늘날 규슈는 일본을 구성하는 4개의 큰 섬 중에서 가장 남쪽에 위치한 섬으로, 오키나와현의 포함 여부에 따라 7개 혹은 8개 현県으로 이루어져 있다. 이처럼 오키나와현은 특별한 지리적 위치와 지역성 때문에 규슈에서 제외되어 독자적 영역으로 구분되기도 한다. 오키나와현이 규슈에 포함되기도 포함되지 않기도 하는 또 다른 이유는 규슈라는 지명이 일본의 공식적인 행정 지명이 아니기 때문이다. 일본의 공식적인 행정 구역은 1도(도쿄도東京都), 1도(홋카이도北海道), 2부(오사카후大阪府, 교토후京都府) 그리고 43현이며, 홋카이도·혼슈·시코쿠·규슈나 이보다 조금 세분된 홋카이도·도호쿠·주부·간토·긴키·주고쿠·시코쿠·호쿠리쿠·규슈 등은 현보다 넓은 지리적 광역지역 구분에 해당한다.

오키나와현을 합치지 않을 경우 규슈의 면적은 42,231km²(2020년 기준)로 일본 전체의 11.3%이고, 인구는 12,778,957명(2020년 기준)으로

10.1%에 달한다. 규슈의 면적은 우리로 치면 영남지방에 전북을 합친 것보다 크고, 전남을 합친 것보다는 작다. 오키나와를 합친 규슈의 면적(44,512km²)은 영남과 전남을 합친 것과 거의 같다. 일본 전체로 보면 규슈의 면적과 인구는 1할 정도에 불과하며, 경제 규모도 마찬가지이다. 하지만 규슈의 경제 규모는 G20에 속하는 사우디아라비아나 아르헨티나보다 크며, 세계 전체로 보면 약 25위권 국가에 해당하는 정도이다.

　메이지 유신 직후인 1871년 폐번치현廃藩治県이 단행되면서, 300개 가까운 준독립국인 번藩이 중앙집권제 정부하의 지방행정 단위인 현県으로 바뀌었다. 이후 합병과 분리를 계속하면서 1872년에 69현, 1873년에 60현, 1875년에 59현, 1876년 35현까지 줄었다가, 1889년에 현재와 같이 43현으로 낙착되었다. 따라서 규슈 본섬에 있는 7개 현[후쿠오카福岡, 사가佐賀, 나가사키長崎, 구마모토熊本, 오이타大分, 미야자키宮崎, 가고시마鹿児島] 역시 규슈에 있던 40여 개의 번들이 합병과 분리를 반복하면서 현재와 같은 경계가 확정되었다. 남한 크기의 80%가 넘는 홋카이도를 제외하고 면적이 가장 큰 현인 혼슈의 이와테현岩手県(15,275km²)은 강원도보다 조금 작으며, 가장 작은 현인 시코쿠 북쪽 가가와현香川県(1,877km²)은 부산과 울산을 합친 것과 거의 비슷하다. 한편 43개 현 중에서 면적 9위에 해당하는 가고시마현鹿児島県(9,187km²)은 충남과 대전을 합친 정도인데, 인구는 가고시마현이 159만 명, 충남과 대전을 합한 것은 359만 명 정도이다. 그렇다면 9개의 주州, 다시 말해 9개 나라로 이루어진 섬이라는 의미의 지명인 규슈는 언제부터 생겨난 것일까? 712년에 간행된 일본에서 가장 오래된 역사서인 『고사기古事記』에는 오늘날의 규슈 지역에 대한 다음과 같은 기사가 있다.

「筑紫島は身一つにして面四つあり」

즉 "筑紫島(쓰쿠시노시마)는 몸은 하나요 얼굴은 네 개다." 여기서 '筑紫島'란 규슈 전체를 말하는 것이고, '面四つ'는 규슈에 있는 4개 지역[구니国], 다시 말해 쓰쿠시노쿠니筑紫国·도요노쿠니豊国·히노쿠니肥国·구마소노쿠니熊曽国를 의미한다. 쓰쿠시노쿠니는 현재 후쿠오카현이 있는 규슈 북부, 도요노쿠니는 오이타현이 있는 규슈 북동부, 히노쿠니는 사가·구마모토·나가사키현이 있는 규슈 북서부 그리고 구마소노쿠니는 가고시마·미야자키현이 있는 규슈 남부 일대에 위치해 있었다. 하지만 쓰쿠시노쿠니가 지쿠젠筑前·지쿠고筑後, 도요노쿠니가 부젠豊前·분고豊後, 히노쿠니가 히젠肥前·히고肥後 그리고 휴가日向 등 7개 구니로 구분된 것은 이미 683년(天武 12)경의 일이라, 『고사기』의 기록은 간행 당시의 현실을 정확히 반영하지 못한 것으로 볼 수 있다. 이후 중앙집권적 왕권 체제가 강화되면서 701년(大宝 원년)에 이르면 전국을 5畿7道로 구분해 지방을 지배했는데, 당시 규슈는 '사이카이도西海道'라 불렸다. 이후 휴가에서 사쓰마薩摩가 분리되고 다시 휴가에서 오스미大隅가 분리되면서 9개 구니, 여기에 다네가시마種子島, 이키壱技, 쓰시마対馬 등 3개의 섬이 합쳐져 9国3島 체계가 성립되었다. 다시 824년(天長 원년)에 다네가시마가 오스미에 편입되면서 9国2島 체계로 바뀌었고, 이후 9개 구니로 된 9州, 즉 규슈九州가 정립되었다.

사실 7세기 중반까지 천황은 야마토 지역(교토 부근)의 일개 수장에 불과했다. 이후 일본이 급작스럽게 중앙집권적 왕권 국가로 바뀌고, 그 지

지쿠젠
부젠
히젠 지쿠고 분고
히고
휴가
사쓰마
오스미

후쿠오카
사가
오이타
나가사키
구마모토
미야자키
가고시마

오키나와

0　　　　100　　　　200 km

9국 지도　　　　　　　　　　7현(8현) 지도

배 영역도 서남쪽 변방인 규슈 전역까지 확대되었다. 여기에는 당시 이
웃 국가들과의 관계에서 비롯된 측면이 있다. 즉 660년 백제가 멸망한 직
후 일본에서 파병된 백제 구원군은 663년 백촌강 전투에서 당의 수군에
참패하고 말았다. 이에 일본은 나당 연합군이 일본으로 침공할 것을 두
려워한 나머지, 규슈 북부 지방에 대규모 성곽[후쿠오카 남쪽 다자이후
太宰府 근처의 미즈키水城도 그 하나]을 쌓았고, 규슈에서 교토에 이르는

산지 곳곳에 산성을 쌓아 이들의 침입에 대비하였다. 또한 당과 신라에 사신을 파견하여 국제관계를 개선하고 당의 율령을 받아들여 국내 정치 체제를 정비하면서, 천황의 권력과 권위는 점점 강화되어 나갔다.

12세기 이후 규슈의 각 지방 영주들은 교토의 정국 추이(막부의 등장과 이에 대한 반작용인 왕권 회복 운동)에 따라 복종과 할거를 반복했으며, 세력확장을 위해 그들 간에도 끊임없이 연대하거나 충돌하였다. 전국 통일의 일환으로 규슈 평정에 나선 도요토미 히데요시가 1587년 최후까지 저항하던 규슈 최남단의 시마즈가島津家를 복속시킴으로써 규슈는 중앙 정권에 완전히 복속되었다. 이후 히데요시는 규슈 북부 가라쓰唐津 부근에 히젠나고야성肥前名護屋城을 축성하였고, 전국에서 20여만 명의 군사를 동원해 일으킨 전쟁이 바로 임진왜란·정유재란이다. 이때 규슈 여러 영주도 자신의 군사와 함께 참전하였는데, 이 중에는 15,000명을 동원한 시마즈가의 시마즈 요시히사島津義久도 있었다. 히데요시 사후 세키가하라 전투(1600년)에서 시마즈가를 비롯한 규슈의 일부 세력이 서군 측에 서서 도쿠가와 이에야스의 동군 측에 대항했지만, 결국 패하고 말았다. 이후 규슈의 번들은 도쿠가와 막부 260여 년 동안 막번체제의 일 구성원으로 중앙정부에 복속되어 있었지만, 19세기 후반 들어 사쓰마번을 필두로 한 서남 웅번들이 막부를 무너뜨림으로써 1868년 메이지 신정부의 탄생에 일익을 담당하기도 했다.

한편 일본은 7세기 후반뿐만 아니라 13, 16, 19세기에도 외부 세계로부터 충격을 받았는데, 이때마다 일본은 외부 충격에 대항하거나 적응하면서 자신의 체제를 수정, 정비해 나갔다. 13세기 원의 침략은 당시 가마쿠라 막부가 전국 무가에 대한 지배권을 더욱 강화하는 계기가 되었으며, 16세기 대항해시대를 맞아 포르투갈을 비롯한 서양 세력의 도래는 '쇄국'을 근간으로 하는 도쿠가와 막부의 등장으로 이어졌다. 마지막으로 19세기 서구 제국주의 세력의 침탈에 대처하기 위해 일본은 기존의 봉건 막부체제를 버리고 중앙집권적 근대 천황제로 나아갔다. 매번 외세 침입의 최전선에 있어야 했던 규슈 사람들은 이에 당당히 맞서면서 일본의 개혁과 변혁에 크게 이바지하였다는 자부심을 갖고 있다.

02
하카타항과 후쿠오카 공항

후쿠오카시는 규슈로 들어서는 우리나라 여행객들의 대표적인 관문 도시이다. 한때 기타큐슈, 구마모토, 미야자키, 가고시마 등 규슈 내 주요 도시에도 국내발 항공기가 오갔지만, 코로나 팬데믹으로 거의 폐쇄되

하카타항 국제터미널

하카타역

었다. 하지만 팬데믹의 종료와 함께 많은 국내 관광객들이 규슈로 몰리면서 규슈로 가는 항공편은 팬데믹 이전으로 점차 회복되어 가는 과정에 있다. 이 글을 쓰는 조금 전, 한 방송에서 2023년 상반기 일본에 방문한 우리 국민이 313만 명에 달했다고 한다. 나도 그중 하나이지만, 2023년 5월 2주일간의 일본 여행에서 한국인을 만나거나 우리말을 들은 적이 없다. 난 가능한 한 무채색 옷을 입고, 시내에서는 가방을 들지 않은 채 무심한 표정으로 조용히 여행한다. 송파구 뒷골목에서 잠시나마 1인 일식당도 운영한 적이 있지만, 일본에 가서는 맛집·미식 찾지 않고 대충 먹는다. 입을 열면 어색한 일본어로 단번에 들통이 나지만, 가능하다면 사람들 사이로 바람처럼 스며들면서 남의 관심을 받지 않는 노마드가 되고 싶다.

나의 일본 여행 교통편은 기본적으로 부산에서 출발하는 배편이다. 어디에 살든 일본행 베이스캠프가 늘 부산이었기에(지금 서울에 살고 있지만 마찬가지이다) 그런 경향도 있겠지만, 사실 비행기 추락 공포증이 가장 큰 이유이다. 갈 때는 대개 부산에서 밤에 출발해 아침에 하카다항에 도착하는 뉴카멜리아를 이용한다. 이 배는 1만 톤가량 되는 화물, 여객 겸용의 연락선으로, 일제강점기 관부연락선의 후예이다. 물론 시모노세키로 가는 부관페리는 지금도 운행되고 있다. 돌아올 때는 아침에 출발해 오후 1~2시면 도착하는 코비나 비틀을 이용했지만, 코로나 팬데믹 이후 이 선편은 사라졌고 지금은 훨씬 더 큰 퀸비틀로 대체되었다. 때때로 비행기도 타지만, 대부분은 동행이 있을 경우이다. 사실 배 타는 것을 좋아하는 사람은 드물다. 뱃멀미도 문제거니와 배를 타면 가뜩이나 빠듯한 여행 기간이 줄어든다고 생각하기 때문이다. 그러나 공항 가는 시간, 공항에서의 대기 시간, 통관 시간, 화물 찾는 시간 등등을 생각해 보면 후쿠오카행 쾌속선과 항공기는 큰 차이 없다. 한 가지 더 보태자면, 수화물을

부산항에서 출발 준비 중인 퀸비틀호

직접 휴대할 수 있으니 타고 내릴 때 시간 절약도 된다.

후쿠오카현의 현청이 있는 후쿠오카시의 공항 이름은 후쿠오카 공항이지만, 국제항 이름은 하카타항, 그리고 후쿠오카시의 대표 역 이름도 하카타역이다. 물론 후쿠오카역도 있으나, 이 역은 멀리 혼슈 도야마현의 사철 아이노카제도야마선あいの風とやま線에 있다. 현재 후쿠오카시를 관류하는 나카가와中川의 북동쪽에 하카타역, 하카타항, 후쿠오카 공항 모두 자리 잡고 있는데, 이 지역은 고대부터 일본의 대표적인 항구도시이자 상업도시인 하카타가 자리 잡고 있었던 곳이다. 하카타는 상인이 운영하던 자치도시로, 중세 규슈 전체를 통괄하던 중앙행정기구인 다자이후(현재는 우리나라 규슈 관광객이 처음 찾는 신사인 다자이후텐만구로 바뀌었다)의 외항 구실을 하였다.

한편 후쿠오카라는 지명은 임진왜란 당시 일본군 3번대 주장(1번대는 고니시 유키나가, 2번대는 가토 기요마사)으로 선봉에 섰던 12만 3천 석의 부젠쿠니豊前国 영주 구로다 나가마사黑田長政와 관련이 있다. 그는 1600년 세키가하라 전투 때 도쿠가와 이에야스의 동군 편에 섰고, 그 공을 인정받아 당시 하카타 일대를 포함하는 지쿠젠쿠니筑前国로 옮겨와 후쿠오카번 초대 번주가 되었고, 그가 받은 영지는 52만 3천 석으로 증가하였다. 현재 후쿠오카성 유적이 있는 곳은 하카타에서 나카가와를 건너 남서쪽 반대편에 있는데, 이곳에 조카마치城下村가 형성되면서 도시로 발전하였다. 이후 에도시대 내내 상인의 도시 하카타와 조카마치 후쿠오카가 쌍둥이도시로 번성하였고, 메이지 유신 이후 1871년 폐번치현으로 후쿠오카번이 후쿠오카현으로 바뀌면서 하나로 합쳐졌다. 1889년 규슈

철도가 처음 개통되면서 하카타역이 개설되었고, 같은 해 행정구역이 개편되면서 도시 이름을 놓고 하카타시와 후쿠오카시가 경합했지만 결국 후쿠오카시로 낙착되었다.

후쿠오카시의 대표 역명은 기존대로 하카타역, 과거 무역항의 전통에 따라 항구의 이름은 하카타항으로 정해졌지만, 민간항공이 시작된 것은 20세기 이후의 일이라 처음부터 후쿠오카 공항으로 명명되어 현재에 이르고 있다. 후쿠오카시처럼 현청이 있는 도시의 대표 역 이름이 도시 이름과 같지 않은 곳은 후쿠오카시가 유일하다. 일본 여행 초심자의 경우 기차를 타고 후쿠오카시를 가려는데 난데없이 하카타역이 나타나 여기가 후쿠오카시라면서 내리라고 한다면 선뜻 내리기 힘들 수도 있을 것이다. 정리하자면 메이지 신정부가 탄생하면서 쌍둥이도시 하카타와 후쿠오카가 합쳐져 후쿠오카시가 되었지만, 과거 전통에 따라 기존의 하카타항과 하카타역은 그대로 하카타항과 하카타역으로, 이후 새롭게 탄생한 공항의 이름은 후쿠오카 공항으로 정해진 것이다.

후쿠오카시는 인구 163만 명(2023년 기준)으로 일본 7위 도시이다. 우리로 치면 대구광역시 인구보다는 적고 대전광역시 인구보다는 많다. 나름 오랜 역사와 전통을 지닌 도시이지만, 일본의 평균적 대도시와 비교해 특별한 차별점을 지니고 있느냐에 대해서 나는 회의적이다. 기본적으로 일본의 대도시는 해안의 삼각주 위에 발달해 있어 방사상의 하천들이 도심을 관류하는 것이 큰 특징이다. 또한 다른 대도시와 마찬가지로 후쿠오카에도 항구가 있고 국제공항도 있으며 전망 타워도 있다. 또한 신칸센도 지나고, 대규모 쇼핑몰도 있으며, 프로야구단과 돔구장도 있다.

물론 출퇴근 시간에는 러시아워도 나타나고, 퇴근길 유흥가에는 샐러리맨들이 넘쳐난다. 단지 들리는 말이 다르고 지적하기는 힘들지만 우리와 다른 그 어떤 묘한 정서를 느낄 수 있을 뿐, 우리 대도시에서 흔히 볼 수 있는 광경이 그대로 재현되고 있다. 사실 부산 출신으로 서울에서 사는 나로서는, 후쿠오카시는 단지 일본에서 흔히 볼 수 있는 대도시의 하나로 큰 감동은 없다. 다만 후쿠오카시는 우리나라에서 가장 가까운 외국의 대도시라 국제공항과 국제항이 있어 일본 여행의 관문 역할을 해 주고, 귀국 때 손자 녀석 선물을 살 대규모 쇼핑몰이 있어 내겐 또 다른 의미를 지닌다.

후쿠오카시를 벗어나면 규슈의 자연환경은 특별하다. 활화산도 휴화산도 있으며 세계 최대의 칼데라도 있다. 부글부글 끓어오르는 온천수도 있고, 그걸 이용한 온천장이 규슈 전역에 널려 있다. 넓은 평야가 있는가 하면 깊은 계곡과 급류 그리고 다양한 크기와 형태의 폭포도 쉽게 찾을 수 있다. 게다가 해안과 깊은 계곡에 널려 있는 주상절리는 그 규모나 절묘함에서 압권이다. 인구 압력이 낮아 해안은 깨끗하고 정비가 잘 되어 있으며, 가고시마에서 오키나와에 이르는 열도의 길이가 500km 이상이라 아열대기후까지 다양한 기후가 나타난다. 그 결과 식생도, 농산물도 우리보다는 다양하게 생산되고 있다.

규슈는 자신의 지리적 위치 때문에 대륙과 해양을 향하는 전진기지와 교두보 역할을 하였을 뿐만 아니라, 외세 접근의 최전선에 위치함으로써 군사적 충돌과 외래 문명의 수용이라는 두 가지 역할을 동시에 수행하여야만 했다. 따라서 규슈 곳곳에서 이와 관련된 여러 흔적을 쉽게 찾을 수 있어 외국 여행 대상지로 상당한 매력을 지니고 있다고 자신한다.

책 제목으로 '가장 가까운 해외여행, 규슈'와 '처음 그리고 마지막 해외여행, 규슈'를 놓고 한참을 고민했다. 하지만 출판사 편집진이 내놓은 제목은 지금의 『규슈, 이런 여행: 지리학자 3인의 규슈 이야기』였다. 혼자만의 생각보다는 여럿의 논의가 나은 것은 당연하다. 하지만 폐기된 두 제목처럼 규슈는 너무나 가까이 있는 외국이기에, 해외여행 첫 경험지로 그리고 나이가 들어 쉽게 찾을 수 있는 해외 여행지로 최적의 조건을 갖추고 있다. 내 경우 별다른 고민 없이 어디론가 훌쩍 떠나고 싶을 때도 규슈는 언제나 최우선 선택지이다.

03
여행 시작

    일반적으로 후쿠오카 공항이나 하카타항에 도착하면서 규슈 여행이 시작된다. 패키지여행의 경우 세관을 통과해 공항이나 항구의 게이트를 나오면 안내판을 들고 있는 현지 가이드나 버스 운전사가 기다리고 있다. 이 경우 내가 할 이야기는 별로 없다. 가이드의 안내에다 이 책과 같은 여행 관련 서적의 정보나 이야기가 더해진다면 훌륭한 여행이 될 것이다. 다만 가급적 졸지 말고 가이드가 말리는 일 하지 않고 편안하게 여행을 즐기면 된다는 말씀을 드리고 싶다. 패키지여행이라도 패키지여행 상품 중에서 하나를 선택해야 하므로 여행자의 선택이 완전히 배제된 것은 아니다. 하지만 일단 선택해서 그 여행에 나서면, 그 이후부터는 자신의 기대에 못 미치더라도 여행은 계속될 수밖에 없다. 왜냐하면 식당도, 숙소도, 심지어 관광지마저 이미 예약되어 있기 때문이다.

    패키지여행이 이처럼 편리한데도 불구하고 우린 늘 자유여행을 꿈꾼다. 호젓한 바닷가에 렌터카를 세워놓고 석양을 멍하니 바라보다가 근처 식당에서 포도주 곁들인 저녁 식사를 하고, 새벽 파도 소리에 잠을 깨는 그런 여행을 꿈꾼다. 하지만 이러려면 우선 돈 걱정 없는 사람이어야 하는데, 그런 사람은 이런 여행을 하지 않는다. 예외는 있겠지만 부자는 '편안함'과 '과시'가 전제되지 않는 여행 '소비'를 하지 않기 때문이다. 좀 과한 사례이겠지만 규슈에 수차례 패키지 골프 여행을 다녀온 지인이 있는데, 호텔이나 주변 맛집에서 훌륭한 식사를 한 기억만 있지 한 번도 규슈가 어떤 곳인지 고민해 본 적이 없다고 한다. 그에게 규슈는 그저 비행시간이 짧은 외국일 뿐이었지만, 그래도 규슈를 몇 번이나 다녀왔다고 말하면서 나에게 져 주지 않는다.

모바일 기기가 없던 시절에 비하면 자유여행은 한결 수월하다. 자신의 이동 속도와 현재 위치 그리고 도착지까지의 남은 거리 등 거의 모든 지리정보가 모바일 화면에 나타나기 때문에, 과거 낯선 여행지에서 지도와 현장과의 스케일 차이에서 유발되는 어려움을 쉽게 해결할 수 있다. 게다가 국내 여행사를 거치지 않고도 얼마든지 호텔이나 교통편, 심지어 렌터카까지 예약할 수 있다. 하지만 그 하나하나마다 가성비를 따져서 다양한 선택지 중 하나를 결정해야 하니 오히려 더 힘들고, 그러다 보면 슬그머니 자유여행에서 패키지여행으로 선회하고 만다. 여기에다 의사소통 문제까지 겹치고, 스스로 가이드가 되어 여행을 이끌어야 하는 책임감까지 더해진다면, 어느덧 처음 자신감은 사라지고 만다.

이 모든 선택과 결정 이전에 선결되어야 할 가장 중요한 사항이 하나 있으니, 그건 바로 "어디로 가서 무엇을 볼 것인가"라는 문제이다. 세상은 넓고 갈 곳도 많은데 나처럼 특별한 이유가 없다면, 일본의 변두리에 불과한 규슈를 자유여행으로 두세 차례 이상 방문할 사람은 그다지 많지 않을 것이다. 수학여행처럼 이곳저곳 돌아다니는 여행보다는 조용한 바닷가 리조트나 깊은 산속 온천장을 찾겠다는 사람에게 규슈가 최적의 장소인지도 의문이다. 어쨌든 한정된 기회를 맞아 보다 가성비 높은 여행 '소비'를 위해서는 여행지에 대한 다양한 정보가 필요하다. 기본적으로 남들이 어딜 어떻게 다녀왔는지를 포털사이트나 SNS 등에서 살펴보겠지만, 한정된 시간과 자금 때문에 그 많은 선택지 중에서 또다시 비교하고 선택해야만 한다. 여행이란 선택과 결정의 연속이다. 여행, 기본적으로 지난한 일이다.

나의 경우 규슈 여행을 하려 들면 우선 목적에 따라 장소와 기간을 결정한다. 다시 세부적으로 들어가 어느 어느 도시를 방문하고 그 도시에서 며칠 머물 것인가가 결정되면, 가는 배편과 오는 배편을 예약하고 그에 따라 서울~부산 간의 SRT도 예약한다. 이제 숙소를 예약하는데 장거리 이동은 기차를 이용할 수밖에 없기에 기차역 주변에 전국 체인망을 갖고 있는 도요코인을 예약한다. 도요코인은 10번 이용하면 1번 무료 혜택을 주는데, 이 혜택은 숙박비가 상대적으로 비싼 대도시 도요코인을 이용할 때 사용한다. 그러고는 일정에 맞게 북규슈, 남규슈, 규슈 전역 JR 패스를 구입하는데, 혹시 혼슈까지 가야 할 일정이라면 전국 패스를 구입하기도 한다. 일행이 있다면 모든 게 헝클어지는데, 이 경우 항공기를 이용하고 소수이면 렌터카를, 다수이면 현지 관광회사를 통해 인원수에 맞는 버스를 대절하기도 한다.

이 책(33쪽)에 실린 여행 계획은 2017년 퇴임을 앞두고 제자들의 요청으로 4박 5일 규슈 북부를 안내할 때 마련한 것이다. 이후 이 루트로 다른 세 팀을 안내했는데, 빠듯한 일정에 주마간산 격이었지만 만족도는 대체로 높았던 것 같다. 30여 차례 다녀온 규슈 여행에서 확인한 것 중에서 '이 정도면 만족하지 않을까?' 하면서 선정한 장소이고, 참석자 모두 직장인이라 4박 5일에 규슈 북부 이상은 무리라는 점도 고려하였다. 앞으로 이 책에서 소개할 규슈 각지의 정보와 나의 현지 감상이 여행 계획 구상의 어려움을 조금이나마 덜 수 있는 길잡이가 되길 기대한다. 여행 장소를 선정하고 장소와 장소를 연결하는 일이 결코 쉽지 않지만, 미지의 장소에 대한 상상과 기대 속에서 얼마든지 다양한 루트를 만들어 낼 수 있다.

규슈는 부산에서 이륙 후 3~40분이면 도착하는 곳이지만 가벼운 마음으로 '가 보면 해결되겠지' 하고 떠났다가는 낭패를 볼 수 있다. 규슈 역시 나름의 시스템으로 1,000만 이상의 주민들이 치밀하고 치열하게 살아가고 있는 곳이라, 대충대충은 통하지 않는다. 철저한 준비만이 즐거움과 보람 그리고 가성비 넘치는 여행을 보장한다. 아무리 겉(建前: 다테마에)과 속(本音: 혼네)이 다른 일본인이라 해도 예의와 예절을 지키는 관광객에게는 진심 어린 배려와 도움을 베풀겠지만, 그렇지 않다면 겉치레 인사 뒤에 숨어 있는 냉대와 멸시도 피할 수 없다. 그렇다고 너무 긴장할 필요는 없다. 그곳 역시 사람 사는 곳이고, 그들 역시 우리보다 먼저 실수투성이의 세계여행을 떠난 근대, 현대인이기 때문이다.

모쪼록 이 책이 계기가 되어 나에게 규슈 안내를 해 달라는 제안이 몰려 왔으면 좋겠다. 퇴임 후 책도 쓰고 1인 식당도 창업해 보았지만, 나의 후생적 DNA에는 여행가이드라는 '본캐'가 오롯이 새겨져 있을 거라 확신하기 때문이다. 나이와 건강 때문에 1년에 서너 차례 이상은 무리겠지만, 지금 이 순간 내가 가장 잘할 수 있는 일은 그리고 가장 준비가 잘 된 일은 규슈 여행 안내라 생각하고 있다. 어쩌면 이 책을 쓰게 된 이유도 그 때문이 아닌가 생각된다.

여행은 나뿐만 아니라 모든 이에게 꿈과 희망 그리고 삶의 활기를 선사해 준다.

모두가 만족한 규슈 북부여행 일정(4박 5일)

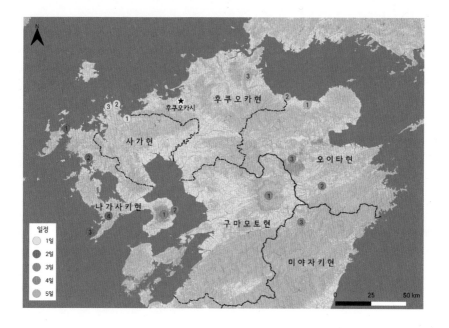

1일: 가라쓰시唐津市의 역사 및 자연 경관

★ 후쿠오카 공항福岡 空港 도착

① 니지노마쓰바라虹ノ松原

　* 일본의 대표적인 인공 해안사구, 길이 4.5km, 가가미야마鏡山 정상에서 조망

　* 가라쓰성唐津城 천수각天守閣

② 나나쓰가마七つ釜

　* 해안단구에 발달한 해식동과 주상절리

③ 나고야 성터名護屋城跡

　* 임진왜란 왜군출정 본부터

　* 나고야성 박물관名護屋城 博物館: 임진왜란과 한일 관계를 테마로 한 박물관

● 나가사키현으로 이동, 히라도平戶 호텔 도착

2일: 히라도, 나가사키 주변의 역사 경관

① 하라도 네덜란드 상관平戸オランダ商館

* 나가사키 데지마 상관 이전의 네덜란드 상관으로, 16세기 후반과 17세기 전반 1세기 동안 일본의 대표적인 대외무역 창구

* 미우라 안진 묘三浦按針墓: William Adams, 자비에르 기념교회, 히라도성

② 사세보시佐世保市

* 일본 구舊 해군 4대 군항 중의 하나, 현재도 자위대와 미군 주둔기지

* 해상자위대 사세보 사료관海上自衛隊 佐世保史料館, 햄버거

* 이시다케 전망대石岳展望台: 구쥬쿠시마九十九島, 영화 〈라스트 사무라이〉 첫 화면

③ 군함도軍艦島

* 메이지 시대 해저 탄광, 하시마端島라 불리지만 그 형상 때문에 군함도 통칭

* 조선인 강제 징용지이며, 2015년 '메이지 일본의 산업혁명유산 제철·제강·조선, 석탄산업'(明治日本の産業革命遺産 製鉄·製鋼, 造船, 石炭産業)이라는 이름으로 지정된 유네스코 세계문화유산에 포함됨

④ 나가사키 데지마 상관出島商館

* 1636년 완공, 초기 포르투갈 상관으로 이용

* 1641년 히라도에 있던 네덜란드 상관이 이곳으로 이주

* 1856년 '데지마 해방령出島解放令'에 따라 자유 출입이 가능할 때까지 220년 동안, 일본의 대외 창구

● 나가사키 호텔 도착

3일: 운젠 화산 주변 자연 경관 및 다카치호 협곡

① 운젠다케雲仙岳

* 1663~1664, 1792, 1989~1990년에 대규모 화산폭발, 현재 휴화산

* 운젠다케 지옥雲仙岳 地獄: 간헐천[가이저Geyser] 분화

② 시마바라성島原城

   * 시마바라 난島原の乱: 1637년 시마바라와 아사쿠사天草에서의 농민운동

   * 토석류재해 보존공원土石流災害 保存公園

● 미야자키현으로 이동

③ 다카치호 협곡高千穗峽

   * 약 9만 년 전(ASO-4) 아소산 분화 당시 분출된 화산재가 재용결된 용결응회암

   * 주상절리, 폭포, 포트홀 등을 바탕으로 한 협곡미

   * 미나이 폭포真名井の滝, 일본 100대 폭포

● 다카치호 호텔 도착

4일: 아소산과 인근의 용결응회암 폭포, 용암대지

① 아소산 구사센리 기시마다케阿蘇山 草千里 杵島岳

   * 아소산 중앙화구구 내에 있는 화구구의 하나(1,326m)

   * 아소 나카다케中岳를 비롯해 아소 칼데라 조망

② 하라지리노타키原尻の滝

   * 오노가와大野川 수계

   * 폭 120m, 높이 20m의 일본 폭포 100선 중 하나, 동양의 나이아가라라 불림

   * 약 9만 년 전(ASO-4) 용결응회암의 주상절리가 붕락하면서 만들어진 폭포

   * 친다 댐沈堕 Dam: 같은 원리로 만들어진 폭포, 메이지 시대 발전소

③ 한다 고원飯田高原

   * 세노모토 고원瀬の本高原, 야마나미하이웨이, 마키노토 고개牧の戸峠

   * 구쥬렌잔九重連山: 화산대, 규슈 본섬 최고봉 나카다케(中岳, 1,791m)

   * 조자바루長者原: 구쥬렌잔 및 한다 고원 관광의 중심지

   * 고코노에 "유메" 오쓰리바시九重 "夢" 大吊橋: 한다 고원 계곡에 있는 현수교

● 벳푸別府 호텔 도착

5일: 후쿠자와 기념관, 히라오다이 카르스트 지형

① 우사 해군항공대 격납고宇佐海軍航空隊 掩体壕群

    * 가미카제 출격 비행장

② 후쿠자와 기념관福澤記念館

    * 메이지 최고의 교육자 겸 계몽사상가 후쿠자와 유키치福澤諭吉, 10,000엔 지

    폐에 그려진 인물(2024년 7월부터 시부자와 에이이치渋沢栄一로 교체 예정)

● 후쿠오카현으로 이동

③ 히라오다이平尾台: 일본 3대 카르스트의 하나

    * 돌리네, 라피에, 석회동굴(열쇠 구멍) 등

★ 후쿠오카 공항福岡 空港 출발

규슈 북부

이 책에서는 규슈를 북부와 남부로 나누어 소개하려 한다. 두 지역은 북규슈 JR패스와 남규슈 JR패스의 사용 범위와 대략 일치하는데, 기차로 갈 수 없는 곳도 제법 된다. 개개인의 여행 목적이나 여행 기호가 다양하기에 여기서 소개한 곳보다 더 나은 곳도 많을 것이다. 하지만 그간 경험을 바탕으로 나름 의미 있다고 판단한 곳을 선정하였고, 이 책과 더불어 현지 관광안내문 등을 참고해서 자신만의 다양한 여행일정을 소화한다면, 보다 충실하고 만족스러운 여행이 될 것이다. 사실 여행에서 거기는 꼭 가야 한다거나 그건 꼭 먹어야 한다는 것이 과연 있겠는가? 밀린 숙제 하듯 강행군하는 전투적 여행에서 벗어났으면 하는 바람에 이 글을 쓰고 있으며, 그건 나 역시 예외가 아니다.

04

가라쓰 / 사가현

    가라쓰唐津는 후쿠오카에서 해안을 따라 서쪽으로 1시간 남짓이면 갈 수 있는 항구 도시이다. 대중교통을 이용한다면 후쿠오카 공항에서 출발하는 지하철인 구코선空港線을 타고 종점인 메이노하마姪浜에 내려 JR 지쿠히선筑後線으로 갈아타고는 가라쓰역까지 갈 수 있다. 구코선은 후쿠오카 시내를 관통하기에 공항이든 하카타역이든 아니면 자신의 숙소든, 시내 어디서라도 쉽게 접근할 수 있다. 가라쓰의 가장 매력적인 장소는 일본 3대 송림의 하나인 니지노마쓰바라虹ノ松原(무지개 송림)인데, 그 길이만 4.5km에 달한다. 이곳은 해안사구 위에 인위적으로 식재된 소나무 방풍림으로, 사전 정보 없이 곧장 그곳으로 가면 그 규모와 형상을 가늠할 수 없다. 따라서 이 송림 전체를 조망할 수 있는 곳이 필요한데, 마침 니지노마쓰바라 바로 남쪽에 높이 284m의 가가미야마鏡山가 우뚝 서 있다.

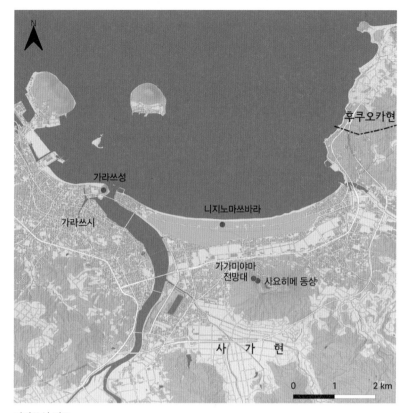

가라쓰시 지도

가가미야마 정상까지는 가파른 도로가 나 있어 자동차로 접근이 가능하지만, 대중교통이 없어 가라쓰역에서는 택시를 이용해야 한다. 나는 첫 방문 시 걸어서 올랐다. 다음에 소개할 나나쓰가마七つ釜까지 포함해 가라쓰 일대를 여행할 예정이라면, 기차보다는 렌터카가 편리하고 비용도 적게 들 것이니 후쿠오카부터 렌터카 이용을 권한다. 나 역시 가라쓰에 기차로 간 적은 없고, 렌터카나 단체 관광버스를 이용하였다. 산 정상은 예상 밖으로 넓은데, 평탄하고 커다란 연못까지 있는 것으로 보아 과

사요히메 동상

가가미야마 전망대와 니지노마쓰바라

거 화산체였을 가능성이 크다. 정상 주차장에서 니지노마쓰바라를 포함해 기라쓰 전체를 조망할 수 있는 전망대까지는 10여 분 산길을 걸어야 한다. 숲과 호수가 어우러진 꽤 괜찮은 산책로를 걷다 보면 급경사 등반 도로에서의 아찔함은 금새 사라진다. 전망대 입구에는 사요히메佐用姬의 동상이 서 있는데, 그녀는 백제로 파견된 원정군의 어느 장군을 기다리는 전설의 주인공이다.

전망대에서의 풍경은 그 높이에 비해 가히 절대적이다. 탁 트인 해안 풍경은 말할 것도 없고 해안사구 위 송림의 규모에 압도되는데, 바다 쪽을 향해 안으로 휘어져 있는 모습을 보면, '무지개를 연상하면서 이름을

붙였구나.'라고 단번에 알 수 있다. 송림 왼편에 가라쓰성이 우뚝 솟아 있고, 송림과 가라쓰성 사이로 마쓰우라강松浦川이 흐르면서 가라쓰만으로 유입되고 있다. 현재 가라쓰시의 기본 구조는 16세기 말~17세기 초 이 지역의 새로운 영주가 된 데라자와 히로타카寺沢広高에 의해 완성되었다. 그는 도요토미 히데요시의 규슈 정벌에 참여하였고 임진왜란의 전초 기지였던 히젠나고야성 축성에 기여한 덕분에 히데요시로부터 이 지역 영주로 인정받았다(1593년). 이후 세키가하라 전투(1600년) 때는 도쿠가와 이에야스의 동군 측에 가담하면서 자신의 영지에다 아마쿠사군天草郡 4만 석까지 인정받아 12만 3천 석의 가라쓰 번주로 등극하였다.

가라쓰성이 지금의 미쓰시마산満島山 정상 위에 축성되기 시작한 것은 1602년부터인데, 이 산은 원래 동쪽의 해안사구와 연결되어 있었다. 우

가라쓰성과 가라쓰시

선 번주 데라자와는 미쓰시마산 동쪽을 굴착하여 미쓰시마산 서쪽으로 유입하던 하다강波多川의 하구를 동쪽으로 옮겼다. 서쪽의 구하도를 메워 성하촌을 조성하였는데, 현재의 가라쓰시 중심부와 대체로 일치한다. 그리고 동편 연안사주 한가운데로 유입하던 마쓰우라강松浦川과 하다강 사이의 범람원을 굴착하여 하나의 유로로 연결하고는 두 하천의 하구를 하다강의 것으로 일원화하였다. 현재 가라쓰성 동쪽을 통해 바다로 유입하는 마쓰우라강의 유로는 이렇게 탄생한 것이다. 이후 가라쓰성과 성하촌이 완성된 것은 1608년의 일이었다. 가라쓰성 축성에 사용된 돌은 히젠나고야성을 해체하면서 그곳에서 나온 돌을 사용하였다고 한다. 이후 주변 범람원을 간척하면서 현재와 같은 모습으로 변모하였다. 이 과정에서 해안사구에 소나무를 식재하여 현재와 같이 4.5km에 달하는 거대한

가라쓰 버거

해안사구 방풍림, 니지노마쓰바라가 조성된 것이다.

니지노마쓰바라 숲 한가운데 나 있는 길을 자동차로 따라가면, 한편에 자그마한 푸드 트럭 하나가 앙증맞게 서 있다. 여기서 가라쓰 버거からつバーガー라는 햄버거와 커피 등을 팔고 있는데, 니지노마쓰바라, 아니 가라쓰 최고의 명물 중 하나이다. 숲속 공터 여기저기에는 지나가다 차에서 내려 휴식 겸 간식거리로 햄버거를 사 먹는 여행객들을 쉽게 볼 수 있다. 내 경험으로는 그 햄버거 맛이 대단한 것은 아니었지만, 경험 그 자체가 나중에 여행의 좋은 추억거리가 될 수 있으니 꼭 시도해 보기 바란다. 내 노트북 컴퓨터에는 지금도 가라쓰 버거 스티커가 붙어 있다. 해안가에 우뚝 서 있는 가라쓰성 천수각에 올라 내려다보는 니지노마쓰바라의 모습도 인상적인데, 송림의 규모와 상징성이 도시 경관 전체를 주도하고 있다는 인상을 지울 수 없다. 니지노마쓰바라는 일본에서도 쉽게 볼 수 없는 압도적 경관임에 틀림없다.

가라쓰 역시 바닷가 도시라 해산물 요리가 대표적이지만, 이 도시만의 특별한 먹거리는 없는 것 같다. 다만 두부 요리로 유명한 가와시마 두부점川島豆腐店이 유명하다고 하는데, 난 가 보지 못했다. 마지막으로 가라쓰에서 특기할 만한 사항이 하나 있는데, 그건 2010년에 개교한 와세다사가고등학교早稲田佐賀中高等学校에 관한 이야기이다. 사가현 출신으로 와세다대학 창립자이자 제8대, 제17대 총리대신을 역임했던 오쿠마 시게노부大隈重信(1838~1922)는 메이지 시대 사가현이 낳은 대표적인 정치가이다. 그를 기념하기 위해 와세다대학에서는 사가현에 동일계 고등학교를 설립하기로 결정하였고, 사가현 내 여러 도시를 검토한 결과 최종적으로 가라쓰시가 결정되었다. 더 놀라운 것은 이 고등학교의 졸업생 50%까지(일정 성적 이상) 와세다대학에 무시험으로 입학할 수 있는 특혜를 준다는 사실이다. 지금 우리의 기준으로는 불가능할 것 같지만, 한때 서울의 명문 고등학교에서는 동일계 중학교 졸업생을 무시험으로 받은 적이 있다.

05
후쿠오카 당일치기

후쿠오카를 떠나 장시간·장거리 여행을 하고 다시 후쿠오카로 돌아오면, 후쿠오카 주변 여행을 생략하기 마련이다. 하지만 규슈 여행을 설계할 때 후쿠오카를 출발해 당일 목적지와 숙박지 사이, 혹은 여행 마지막 날 후쿠오카로 돌아올 때 시간적 여유가 있다면 적절한 여행지 하나쯤 삽입하고 싶을 때가 있다. 아니면 규슈 여행의 출발지나 종착지인 후쿠오카에서 하루쯤 여유가 생겼을 때나, 후쿠오카 출장 중 하루쯤 여가가 났을 때, 당일치기로 다녀올 수 있는 여행지를 찾게 될 경우가 있다. 물론 관광 안내책이나 호텔 로비에 꽂혀 있는 여행 팸플릿에 자세히 소개되어 있겠지만, 후쿠오카 근처 1~2시간 정도 거리에 있는 실패하지 않을 만한 몇 곳을 소개하고자 한다. 물론 앞서 소개한 가라쓰도 후쿠오카 당일치기 여행의 훌륭한 대상지임은 말할 것도 없다.

후쿠오카 지도

① 사가현 현청이 있는 사가시

후쿠오카현 서쪽에 있는 사가현은 규슈에서 인구도 면적도 가장 작은 현으로, 현 전체 인구(79만 5천: 2023년 기준)가 후쿠오카시 절반 정도에 불과하다. 한때 메이지 신정부 4대 번벌(사쓰마, 조슈, 도사, 사가)의 하나로, 메이지 신정부 초기 사가 출신의 많은 정치인과 인재들이 활약한 적도 있었지만, 지금은 한적한 농촌 경관으로 경제 규모 역시 규슈에서 가장 작다. 에도 시대 사가번은 이웃 후쿠오카번과 함께 천령天領(막부 관리가 파견된 막부 직할령)이었던 나가사키의 경비를 맡았던 번이었다. 이 때문에 경제적 부담이 컸지만, 에도 시대 내내 사가현에 인접한 일본 최대의 간석지인 아리아케해有明海를 간척하면서 농경지를 2배로 확대하였다. 한편 일본 최대의 개항장이었던 나가사키를 경비한 덕분에 해외 정보를 쉽게 받아들일 수 있었고, 스스로 반사로(용광로의 일종) 제작을 비롯해 선진과학 기술을 발전시킬 수 있었다. 결국 일본 최초의 철제 대포인 암스트롱 포를 성공적으로 제작했고, 이 덕분에 메이지 신정부군의 일원으로 가담하여 맹활약할 수 있었다.

사가시佐賀市는 인구 23만 정도의 소도시로, 이 정도 규모의 여느 도시와 마찬가지로 그저 그런 평범한 도시에 불과하다. 하지만 일본 근대화에 결정적 계기가 된 메이지 유신에 크게 이바지했다는 점에서 사가현, 사가시가 지닌 자부심은 대단하다. 이를 확인할 수 있는 곳이 바로 사가성 혼마루역사관県立佐賀城本丸歷史館인데, 사가시 여행은 이 역사관을 중심으로 자신의 시간 여유와 기호에 맞춰 짜면 된다. 사가성은 1602년 기존의 성터에 개축이 시작되어 1608년 완공되면서 나베시마가鍋島家의 거성이 되었다. 하지만 메이지 신정부 의정직에 있던 사가 출신 고토 신

사가성 샤치노몬

나베시마 나오마사 동상

페이江藤新平가 1874년 정한론 정변에서 패퇴하여 낙향하였고, 그를 중
심으로 신정부 정책에 반대하던 사족 계급이 사가의 난佐賀の乱을 일으
켰다. 이때 반란군이 사가성을 일시 점거했고, 정부군의 공격으로 건축
물 태반이 소실되었다. 소실된 사가성의 혼마루가 2004년에 복원되었고,
이곳에 메이지 유신 때 사가번의 활약상을 전시하는 박물관이 조성되
었다.

　사가성 혼마루로 가려면 입구인 샤치노몬鯱の門[鯱(호: 범고래)]을 지

나야 한다. 지붕 양쪽 끝에 청동으로 된 범고래 조각상이 놓여 있어 샤치노몬이란 이름이 붙여졌다. 이 문은 1835년 화재로 소실된 혼마루의 재건 때 만들어진 문으로, 사가의 난에서도 살아남았다. 막부 말기 뛰어난 건축물의 하나이자 36만 석 사가번의 석고에 걸맞는 격조 높은 시설이다. 한편 샤치노몬 앞 광장에는 막말 4현후의 하나이자 사가번 근대화의 상징인 10대 번주 나베시마 나오마사鍋島直正(1815~1871)의 동상이 우뚝 서 있다.

②도류제, 승개교 등 메이지 시대 하천시설물 유산이 있는 지쿠고강

사가시 관광을 끝내고 뭔가 부족하다거나 시간적 여유가 있다면 지쿠고강으로 가 보자. 사가시에서 동남쪽으로 10km가량 떨어진 곳에 규슈 최대의 하천인 지쿠고강筑後川의 하구가 있다. 이 부근에는 3곳의 유명

지쿠고강 데레케 도류제

한 근대 문화유산이 있는데, 모두 규모가 크고 보존 상태가 양호하여 한 번쯤 가 볼 만하다. 첫 번째는 지쿠고강 하구에서 상류로 하천 중앙을 가로질러 축조된 6.527km 길이의 지쿠고강 데레케 도류제筑後川デレーケ導流堤이다. 이 도류제는 메이지 시대 치수 및 하천 개수 전문가인 네덜란드인 요하네스 데레케Johannis de Rijke(1842~1913)가 1890년에 완공한 것이다. 평수 시에는 한쪽 유로로만 흐르게 하여 유속을 유지하면서 하구의 퇴적을 막는 역할을 하는데, 그 결과 홍수 방지 및 하천 유로의 안정에 크게 기여하였다. 물론 홍수 시에는 도류제 전체가 물에 잠겨 하나의 유로를 이룬다. 이 구조물은 엄청난 양의 돌을 쌓아 만든 것으로, 간조 시 그 장대한 모습을 드러낸다. 따라서 가능하다면 이 지역의 조석표를 확인해 간조 시 방문하는 것이 좋겠다. 데레케는 지쿠고강 치수 사업뿐만 아니라 오사카의 요도가와淀川와 나고야의 기소산센木曾三川 치수 사업에도 관여하였다.

두 번째는 과거 사가선佐賀線 지쿠고강 교량에 설치된 승강식(엘리베이터 식) 구조물로서, 열차와 배 모두 통행할 수 있도록 만든 지쿠고강 승개교筑後川昇開橋이다. 교량 전체 길이는 506m이며, 배가 지나는 곳 양쪽에 교각을 설치하고 양쪽에 길이 46.8m의 트러스트 구조와 교각 바로 위에 30m 높이의 타워를 세웠다. 타워 사이에는 길이 24.2m의 승강식 교량을 두고, 배가 지날 때 올리고 평상시에는 내려 철로로 사용하는 구조이다. 철도가 이설되면서 이 교량 전체를 철거하기로 계획했으나, 지역 사회의 강력한 요구에 따라 보존하기로 결정하였다. 지금 이 승개교는 지자체와의 협력하에 보존재단이 관리 운영하고 있으며, 이 지역의

지쿠고강 승개교(↕ 올렸을 때, ↕ 내렸을 때)

명물로서 지역민들의 사랑을 받고 있다. 매일 오전 9시부터 오후 4시까지 매시 0분에 내려오고, 35분에 올라가는데, 그 사이 통행이 가능하다.

세 번째는 미에쓰 해군기지 유적지三重津海軍所跡이다. 이곳은 2015년 유네스코 세계문화유산에 등재된 '메이지 일본의 산업혁명 유산 제철, 제강, 조선 석탄산업明治日本の産業革命遺産 製鉄, 製鋼, 造船, 石炭産業'의 하나로, 우리에게 잘 알려진 군칸지마軍艦島(군함도)도 이에 속한다. 한편 시간적 여유가 있다면, 이곳에서 자동차로 20분 정도 거리에 있는 야나가와시柳川市를 가 보자. 이곳 야나가와시는 가로, 세로 2km 넓이에 무려 60km에 달하는 그물 모양의 수로가 펼쳐져 있는 물의 고향이다. 연간 30만 명 이상이 찾는 규슈의 대표적인 관광명소로, 사공의 뱃노래와 찰랑거리는 물소리를 들으며 잠시나마 여유로운 시간을 보낼 수 있다. 특히 하천 변에는 계절마다 다양한 꽃들과 나무들이 펼쳐지기에 다채로운 풍광을 만끽할 수 있다.

③ 옥로차로 유명한 야메차의 야메시

규슈는 온난다습한 기후에 구릉지가 많아 차 재배업이 성한 곳이다. 규슈 전역 곳곳에서 차밭을 볼 수 있지만, 규슈의 대표적인 차밭으로 사가현 우레시노시嬉野市와 함께 후쿠오카의 야메시八女市를 들 수 있다. 후쿠오카를 대표하는 차인 야메차八女茶는 전국 차 생산량의 3%를 차지하며, 야메시뿐만 아니라 인근의 지쿠고시와 야메군 히로카와초広川町 일대에서도 재배되고 있다. 넓은 지역에 소규모의 다원이 흩어져 있기에 어딜 찾아가야 할지 당황한 적도 있었지만, 지금은 야메 중앙대다원八女

야나가와의 뱃놀이

中央大茶園의 전망대를 목표로 잡고 일대를 구경한다. 이곳까지 직접 가는 대중교통편은 없기에, 가능하다면 렌터카를 이용해 둘러보는 것이 당일치기 여행으로는 최적이다. 시간이 허락한다면 여행경로 앱 등을 이용해서 대중교통에 도전해 볼 만하다. 하카타역에서 가고시마 본선鹿児島本線 기차, 다시 버스, 택시를 이용하면 갈 수 있는데, 불편하고 비용도 많이 든다. 하지만 어렵게 목적지를 찾아가는 여행의 묘미도 느낄 수 있고, 이 과정에서 일본의 속살도 엿볼 수 있다. 이건 도전의 덤이다.

야메 중앙대다원은 0.7km²에 달하는 넓은 차밭으로, 산책로와 함께 전체를 조망할 수 있는 전망대까지 갖추어져 있다. 차 재배에 적합한 지질적·기후적 요소를 갖춘 이 지역에 차나무가 처음 도입된 것은 1423년이

야메 중앙대다원

며, 이후 이곳에서 생산되는 야메차는 색, 맛, 향이 뛰어난 고급차로 전국
적 명성을 얻고 있다. 사진에서도 볼 수 있듯이 일부 차밭에는 검은색 차
양이 씌워 있는데, 이곳에서는 고급차 옥로玉露가 재배되고 있다. 옥로란
차의 새싹이 자라기 시작하는 4월부터 피복 자재로 20일 정도 덮어 햇빛
을 가린 다음 채취한 찻잎을 전차煎茶로 만든 것이다. 차 맛의 한 요소인
테아닌은 뿌리에서 생성되며 줄기를 경유하여 잎에 축적된다. 테아닌에
햇빛이 닿으면 떫은맛의 원인이 되는 타닌으로 변화한다. 따라서 옥로의
원료가 되는 찻잎은 수확 전(최소 2주 정도) 햇빛을 차단함으로써 테아
닌 등의 아미노산을 증가시키고 반대로 타닌을 감소시켜 차의 풍미를 더
한 것이다. 한편 전차란 잎을 가열하여 산화효소의 활성을 정지시킨 후

비비면서 건조한 차로, 대부분의 녹차는 이 같은 방법으로 생산된다. 우리말로는 덖음차라 한다. 여기서 생산되는 옥로의 양은 전국 생산량의 45%에 이를 정도이며, 차의 평균 단가도 일본 최고이다.

④ 공부의 신을 모시는 다자이후텐만구

일본의 신사神社는 일본 고유의 종교인 신도神道에 기초한 종교시설로, 등록된 신사만 일본 전국에 8만 5천 개, 등록되지 않은 것까지 포함하면 최대 20만 개나 된다고 한다. 모시는 신은 산, 하천, 호수와 같은 자연뿐만 아니라, 민속 신, 실재 인물, 전설 속 인물, 음양도와 도교의 신, 각종 동물 등등 상상할 수 있는 거의 모든 것이 숭배의 대상이다. 관광안내서에서는 일본 도시 여행에서 당연히 가 보아야 할 곳이라며 여러 신사를 소개하는데, 그게 나에겐 늘 부담이다. 신사는 풍광도 뛰어나고 건축물도 빼어나며 참배객도 상상 이상으로 많다. 하지만, 예수나 부처처럼 단일 숭배 대상에 익숙한 나에게 이같이 온갖 신을 모셔 놓은 것도 어색하고, 그 역사, 계보, 관계, 구조, 심지어 각 신사에서의 참배 방법 등 쉽게 알기 어려운 게 너무 많다. 마치 외국인이 사전 준비 없이 우리나라 산사를 찾았을 때 느낄 수 있는 감정과 진배없을 것이라는 생각도 든다.

다자이후텐만구太宰府天滿宮는 후쿠오카에서 남동쪽으로 20km가량 떨어져 있는 다자이후시太宰府市에 있으며, 규슈에서 가장 유명한 신사 중의 하나이다. 다자이후는 7세기 후반 군사·외교적인 측면에서 중요한 지역인 규슈 북쪽 지쿠젠쿠니筑前国에 설치되었던 행정기구로, 규슈 전체의 내정까지 담당하였다. 13세기 몽골의 침공으로 하카타에 진서탐제

다자이후텐만구

鎭西探題가 설치되면서 규슈의 중심지가 현재의 후쿠오카로 이동했고, 그 후 계속 이어져 오고 있다. 덴만구天滿宮는 스가와라 미치자네菅原道眞를 모시는 신사로, 교토의 기타노텐만구北野天滿宮와 함께 일본 전국 덴만구의 본산이다. 헤이안平安 시대 우대신이던 스가와라가 이곳으로 좌천되고 2년 후인 903년에 사망하였는데, 그의 시신을 옮기던 소가 이곳 앞을 지나가다 더 이상 나아가지 않자 이곳에 그를 묻고는 덴만구를 지었다는 전설이 전해지고 있다.

  다자이후텐만구는 1년에 천만 명이 운집하는 규슈의 대표적인 관광지로, 봄철에는 매화나무가 장관을 이룬다. 이곳 본전은 국가중요문화재로 지정되어 있으며, 스가와라를 학문의 신으로 추앙하면서 입시 시즌이면 수많은 인파가 몰려들어 자신과 가족의 합격을 기원하는 곳이 되었

다자이후텐만구 내 고신규우御神牛

다. 신사 입구까지 전철, 기차, 버스, 택시 등 다양한 대중교통편을 이용
해 접근할 수 있으며, 후쿠오카 체류 시 당일치기 여행의 대상으로 충분
한 가치가 있다. 우리 유명 사찰이나 관광지와 마찬가지로, 이곳 신사 입
구에도 각종 상업시설이 늘어서 있다. 시간이 허락한다면 인근에 있는
규슈국립박물관을 방문해 볼 것을 권한다. 이곳에는 항상 전시되어 있지
는 않지만, 세계적으로 유명한 조선의 15세기 세계지도 혼일강리역대국
도의 필사본이 소장되어 있다. 혼일강리역대국도지도는 교토 류코쿠대
학龍谷大 도서관에 소장된 것이 가장 유명하며 나가사키현 시마바라시의
혼코지本光寺에도 세조 때 필사본이 남아 있다. 일본에는 3개의 필사본

이 남아 있으나 우리나라에는 1개도 남아 있는 것이 없다.

⑤ 일본 3대 카르스트 중 하나인 히라오다이

카르스트karst란 석회암 지역에서 나타나는 특별한 지형을 말하며 돌리네, 우발라 같은 함몰 지형이나 지하의 석회동굴도 포함된다. 우리나라에도 석회암이 분포하는 강원 남부, 충북, 경북 북부에서 카르스트가 나타나지만, 석회동굴을 제외하고는 대부분 채굴, 개간 등 인간의 간섭으로 그 원형을 찾기 힘들다. 하지만 일본의 경우 고원지대에 있고 개간이 거의 이루어지지 않아 교과서적인 카르스트를 볼 수 있다. 일본을 대표하는 3대 카르스트로 후쿠오카현의 히라오다이平尾台를 비롯해 야마구치현의 아키요시다이秋吉台와 에히메현의 시코쿠 카르스트를 든다. 이들 3대 카르스트가 각기 규슈, 시코쿠, 혼슈에 있어 멀리 떨어져 있는 것 같지만, 모두 서로 200km 이내에 있다. 이곳 석회암은 대략 3억 5천만 년 전 고생대 석탄기에 생성된 것으로, 5억만 년 전 고생대 전기의 캄브리아기와 오르도비스기에 생성된 우리나라의 석회암에 비해 젊다.

히라오다이는 기타큐슈시 남쪽에 위치하며, 대중교통이 불편해 접근하기 쉽지 않다. 실제로 해발 370~710m에 펼쳐진 전체 면적 12km²의 히라오다이를 둘러보고 센부쓰 종유동千仏鍾乳洞 등 석회동굴까지 들어가려면 아무래도 렌터카를 이용하는 쪽이 편리하다. 내가 이곳을 처음 방문했을 때는 하카타역에서 고쿠라역小倉駅으로, 다시 고쿠라역에서 히타히코산선日田彦山線으로 이시하라마치역石原町駅에 내려 택시를 탔지만, 그 이후에는 주로 렌터카를 이용하였다. 돌리네, 우발라 등 다양한 함

히라오다이

히라오다이의 돌리네

센부쓰 종유동 열쇠구멍

몰 지형과 양배암(카렌karren)이라 불리는 석회암 암주 지형이 넓은 평원에 펼쳐져 있어 마치 어느 외계의 행성에 와 있는 것 같다. 특히 안개가 끼거나 이슬비가 내릴 때면 황량함과 스산함까지 겹쳐 묘한 정서에 젖어 들기도 한다.

입구에 있는 히라오다이 자연관찰센터平尾台自然観察センター를 먼저 방문해 전체 개요를 파악하는 것이 좋으며, 센부쓰 종유동은 꼭 방문하기를 권한다. 여기서는 석회동굴의 초기 형태인 열쇠구멍 모양의 동굴을 직접 걸어 다니며 볼 수 있다. 나의 본업이 지형학이라 이에 대해 좀 더 설명하고자 한다. 석회암의 절리 사이에 채워진 지하수가 천천히 빠져나가면서 석회암의 용해가 지속되는데, 그 과정에서 석회암의 절리가 확대되어 석회동굴로 발전한다. 물론 이 시기에는 인간이 접근할 수 없다. 이

후 지반 융기와 같은 외부적 요인에 의해 지하수가 급속히 빠져나가면 텅 빈 동굴이 드러나게 된다. 열쇠구멍 동굴은 이 시기 동굴 바닥을 흐르는 지하수가 석회암을 녹인 결과이다.

⑥ 모지코역과 모지코 레트로

모지코門司港(모지항)는 1889년 석탄 등을 취급하는 특별 수출항으로 지정되어 무역항으로서 입지를 확보하였다. 이후 청일전쟁과 러일전쟁을 거치면서 중국과 가깝다는 지리적 이점 때문에 군수품과 병사들을 수송하는 중요 항구로 발전하였으며, 기타큐슈의 외항으로서 모지코 주변에 각종 산업시설이 들어서면서 눈에 띄게 발전하였다. 규슈에 철도가 최초로 놓인 것은 1889년이며, 하카타역에서 모지코까지 철도가 연장된 것은 1891년의 일이다. 모지코 역사는 1914년에 문을 열었으며, 역사로는 일본 최초로 국가 중요문화재로 지정될 정도로 아름다운 건물이다. 다양한 장식과 높은 천장으로 대변되는 이곳 르네상스 양식 목조 역사는 유럽 어느 도시의 역사와 비교해도 손색이 없다. 또한 유럽의 시발역이나 종착역에서 볼 수 있는 두단식頭端式 역사인 것도 인상적인데, 역사 건물이 철로 노선에 대해 직각으로 지어져 개찰구를 나오면 바로 역사를 통과해 건물 밖으로 나올 수 있다. 현재 역사는 2019년에 복원 공사가 완료되어 많은 사람이 찾고 있다.

하카타역에서 신칸센을 타면 고쿠라까지 20분이면 갈 수 있고 거기서 가고시마 본선으로 환승하면 모지코까지 1시간이면 충분하다. 하지만 하카타-고쿠라 구간은 규슈 전용 JR패스로는 신칸센 이용이 불가하니

⁝ 모지코역과 가고시마 본선

⁝ 모지코역사

(물론 일본 전역 JR패스로는 가능하다), 하카타역에서 수퍼소닉 급행을 타고 고쿠라에서 환승하면 된다. 환승하기 싫다고 그냥 완행을 탔다가는 2시간 이상을 기차에서 보내야 한다. 기차여행만을 즐길 거라면 문제 없으나, 모지코를 천천히 구경할 예정이라면 당일치기 여행에서 시간 손실이 너무 크다. 사실 난 2023년이 되어서야 처음으로 모지코를 방문했다. 모지코 역사 구경도 구경이지만 또 다른 목적이 하나 있었다. 어린 시절 부산역이나 서울역 대합실 2층에 있던 양식당은 서민들이 갈 수 있는 최고급 양식당의 하나였는데, 그 당시를 회상하고자 모지코 역사 2층의 레스토랑을 찾았다. 음식값이 비싸다는 생각은 들지 않았지만, 음식의 질을 감안한다면 가성비는 기대에 조금 미치지 못했다. 물론 개인적 견해일 뿐이다.

모지코 역사 광장에서 조금만 가면 해안가에 조성된 모지코 레트로에 도착할 수 있다. 앞서 말했듯이 모지코는 1910~1920년대 무역으로 번성했던 항구이다. 이 시기의 건축물을 중심으로 해안가를 따라 호텔, 상업시설 등 여러 다양한 건물을 당시 다이쇼大正 시대 풍으로 정비하여 관광 특구로 조성해 놓았는데, 이 지역을 통칭하여 모지코 레트로retro라 한다. 이곳에는 1917년에 지어진 과거 오사카상선 모지지점旧大阪商船門司 支店 건물과 1912년에 지어진 과거 모지세관旧門司税関 건물, 과거 모지 미쓰이 구락부旧門司三井倶楽部 건물 등 많은 건물이 국가지정문화재로 지정되어 복원·보존되고 있다. 이 중에는 1891년에 지어진 과거 규슈철도 본사 건물이 현재 규슈철도기념관九州鉄道記念館의 본관 건물로 사용되고 있다. 모지코 레트로는 1988년부터 정비를 시작하여 1995년에 오

↕ 모지코 레트로
↕ 고쿠라성 천수각

픈하였는데, 연 200만 명 이상이 찾는 유명 관광지로 변모하였다. 최근에는 간몬関門 해협 건너 시모노세키와 연계하면서 더 많은 관광객이 모지코 레토르를 찾고 있다. 이곳 역시 한국인 단체관광객의 주요 대상지로, 우리말이 이곳저곳에서 쉽게 들린다. 시간이 허락된다면 돌아오는 길에 고쿠라역에 내려, 천수각이 온전히 복원된 고쿠라성도 찾아봄 직하다.

06
나나쓰가마와 히젠나고야 성터

가라쓰를 떠나 서쪽의 다음 여행지로 히라도가 돋보인다. 히라도는 16세기 일본의 주요 개항장으로 네덜란드 상관이 나가사키의 데지마로 옮기기 전까지 있었던 곳이다. 히라도에는 과거 네덜란드 상관이 복원되어 있으며 이와 관련된 각종 시설과 유적들이 도시 전체에 산재해 있다. 이곳은 근세 일본의 개항과 쇄국을 이해할 수 있는 핵심 여행지이며, 히라도성과 박물관도 잘 보존되어 있다. 가라쓰를 출발해 히라도로 가는 도중에 꼭 들렀으면 하는 여행지가 두 곳 있는데, 하나는 현무암 주상절리가 탁월하게 발달해 있는 나나쓰가마七つ釜라는 해안지대이고, 다른 하나는 임진왜란 때 일본 원정군의 주둔지였던 히젠나고야 성터肥前名護屋城跡이다. 대중교통편이 없기에 이곳을 가려면 렌터카나 관광버스를 이용해야 하는데, 나나쓰가마는 빼어난 경관으로, 히젠나고야 성터는 그 역사성으로, 좁은 지방도로로 이곳까지 가는 수고를 충분히 보상해 주고

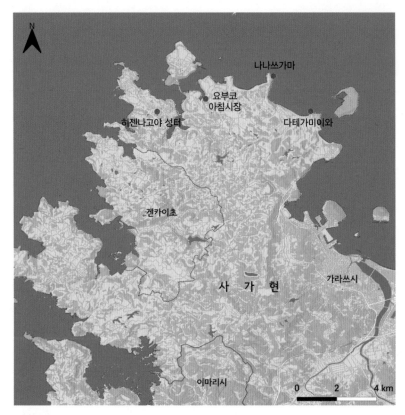

가라쓰시 지도

도 남는다.

한편 이 두 곳 이외에도 히라도로 가기 전에 이마리伊万里나 아리타有
田 같은 유명 도예촌을 지나게 된다. 이 두 도시는 임진왜란 때 이곳으로
납치되어 온 조선 도공들의 노력으로 일본 최고의 도자기 생산지로 발
전하였다. 우리나라 단체관광객들의 필수 코스 중 하나로 주목받고 있
다. 가라쓰와 히라도 사이에서 〈나나쓰가마+히젠나고야 성터〉 그리고
〈이마리+아리타〉 둘 중 하나를 선택해야 한다면 난 전자를 추천할 것이

다. 외국 여행지에서 우리의 흔적을 찾는 것도 물론 의미가 있다. 하지만 자연환경과 그 속에서 그들의 삶과 흔적 그리고 그들이 자신을 어떻게 생각하고 규정하는지를 알아보는 것이 외국 여행의 의미와 목적이 아닐까 여기기 때문이다. 후자에 더 관심이 있다고 말하는 여행자라면, 이 책보다는 유홍준의 『나의 문화유산 답사기(규슈편)』가 더 도움이 될 것이다.

가라쓰에서 북서쪽으로 좁은 도로를 따라 자동차로 30분가량 가면 나나쓰가마 입구에 도착한다. 정차 후 이정표를 따라 잠시 산길을 오르면 멀리 바다가 보이면서 널따란 평지가 펼쳐져 있다. 초록의 잔디로 덮여 있고 특별한 휴일이 아니면 찾는 이도 많지 않아 산책길로도 손색이 없으며, 그 끝에 있는 수십 미터 높이의 벼랑은 온통 주상절리로 이루어져 있다. 주상절리란 현무암과 같은 화산암(지표 가까이에서 분출한 용암이 식으면서 만들어진 암석으로, 지하 깊숙한 곳에서 식은 화강암과 같은 심성암과는 반대되는 개념이다)이 지표 부근에서 급속히 냉각되면서 만들어진 수직절리를 말한다. 수직절리의 단면은 대개 5~6각형 모양을 하고 있는데, 냉각 당시의 환경에 따라 기울기와 절리 간격도 다양하며, 절리의 선명도도 차이가 난다. 절벽 바로 앞바다가 현해탄玄海灘으로, 북서쪽으로 이키섬壱岐島, 대마도를 지나 곧장 부산으로 이어진다.

나나쓰가마는 1925년에 국가천연기념물로 지정될 정도로 그 명성이 높은 곳으로, 이름처럼 7개의 해식동굴이 있다는 의미이지만 실제로는 더 많은 해식동굴이 발달해 있다. 우리나라 해안가 주상절리의 대명사인 제주도 지삿개를 생각하고 갔다가는 나나쓰가마의 규모에 압도당하고

나나쓰가마의 주상절리

만다. 동쪽에 있는 나나쓰가마 이외에도 구로세하나黑瀬鼻, 죠노하나象の鼻, 메가네이와めがね岩 등 해안을 따라 펼쳐진 다양한 주상절리를 둘러보려면 1~2시간으로도 모자랄 수 있으니, 이곳을 방문하려면 여행일정을 세심하게 조절할 필요가 있다. 해안 절벽에는 늘 위험이 도사리고 있으니 주의도 필요하다. 이곳뿐만 아니라 일본의 관광지에는 우리와는 달리 안전에 대한 특별한 주의가 거의 없다. 이 점, 일본 여행 시 늘 유념해야 한다.

  인근에 아침 시장으로 유명한 요부코呼子에 가면 관광선을 탈 수 있어, 이 일대 펼쳐진 다양한 형태의 주상절리를 조망할 수 있다. 파도가 심하지 않다면 관광선이 나나쓰가마까지 접근해, 동굴 입구에서 수 미터까지

다테가미이와

들어갈 수 있는 커다란 동굴도 있다. 난 아직 타 보지 못했다. 요부코 아침시장은 일본 3대 아침 시장의 하나로 오전 7시 30분부터 낮 12시까지 열린다. 200m 길이의 시장통에 50여 개의 노점상이 이어져 있는데, 어패류와 수산 가공품, 야채, 꽃 등이 판매되고 있다. 2024년 1월 이곳을 찾았는데, 너무 일러서 그런지 아니면 비수기여서 그런지 찾는 이가 거의 없었다. 하지만 노부부가 운영하는 〈후지야〉라는 오래된 여관에서의 하룻밤은 아직도 기억에 남는다. 우선 저렴한 가격도 인상적이었지만, 삐걱거리는 2층 나무계단에 세월의 흐름을 간직한 각종 시설과 장식, 그리고 나의 어릴 적 기억을 소환하는 낡은 다다미 방 등등, 마치 50~60년 전으로 '타임슬립' 한 것만 같았다.

후지야 민박집

요부코 아침시장

요부코 아침시장에서 판매하는 소라구이

　나나쓰가마 이외에도 이 지역 해안가에서 가 볼 만한 해안 경관 두 곳을 추천한다. 하나는 해중전망대로 유명한 하도미사키波戸岬이며, 다른 하나는 해안가에 우뚝 솟아 있는 다테가미이와立神岩이다. 가라쓰를 벗어나 나나쓰가마를 향해 해안을 따라 조금만 가면 현지에서는 부부암夫婦岩이라 부르는 다테가미이와가 나타난다. 가까이 가면 마치 어느 혹성에 와 있는 것 같은 착각이 들 정도의 분위기에, 길이 30m 정도의 거대하고 기괴한 바위들이 당장이라도 쓰러질 것같이 겹쳐져 있다. 이곳을 나와 히젠나고야 성터로 곧장 갈 수도 있으나, 시간이 허락한다면 그 앞 바닷가에 많은 관광객들이 찾는 하도미사키로 가 보길 권한다.

하도미사키의 미사키岬(갑)란 바닷가로 불쑥 튀어나온 돌출부를 말하며, 이곳은 일본 최서북단에 해당하는 곳이다. 배후의 평탄한 해안단구 위에는 과거 임진왜란 당시 왜군의 전진기지 역할을 했던 히젠나고야성이 있으며, 그 주변 3km 이내 해안가에는 임진왜란에 참전했던 무장들의 진지가 130개 이상 산재해 있었다고 한다. 이곳 하도미사키에도 시마즈가島津家[에도 시대 사쓰마번薩摩藩]의 시마즈 요시히로島津義弘를 비롯한 여러 무장의 진지 유적이 특별사적으로 지정되어 보존되고 있다. 2023년 개봉된 영화 〈노량〉에서 백윤식이 열연한 왜적장이 바로 시마즈 요시히로이다. 하도미사키 주변에는 해중전망대, 해수욕장, 국민숙사国民宿舍(공공숙박시설), 무인 등대 등이 있는데, 해중전망대에서는 깊이 7m의 바닷속을 관찰할 수 있다. 하도미사키 주차장 한 곁에 있는 포장마차는 이곳 명물의 하나로, 내게는 참소라구이도 괜찮았지만 오징어구이가 더 좋았다.

이 두 곳 모두 겐카이 국정공원玄海国定公園에 속해 있다. 여기서 겐카이玄海는 겐카이나다玄界灘의 줄인 말로, 우리가 흔히 쓰는 현해탄은 일본에서는 쓰지 않는다. 계界와 해海의 일본식 발음이 '카이'로 같기에, 잘못 사용한 사례인 현해탄이란 표현이 우리에게 전해졌다. 이후 일제 강점기 우리의 근대 소설 등에서 '관부연락선으로 현해탄을 건넜다'라는 표현이 널리 쓰이면서 현해탄이 정착된 것으로 보인다. 일본과 우리나라 사이의 바다를 우리는 대한해협, 일본은 쓰시마해협이라 하는데, 이 경우는 대한해협이 주된 명칭이다. 다시 대마도를 사이에 두고 우리는 서쪽 수로를 부산해협, 동쪽 수로를 쓰시마해협이라 부르지만, 일본은 서쪽 수로를 조선해협이라 부른다. 현계탄의 범위는 규슈 북쪽 좁은 바다, 규슈 해안에서 이키섬 사이의 수로, 더 나아가 규슈 해안에서 쓰시마 사이의 수로까지 경우에 따라 다양하게 정의되고 있다.

한편 나고야성名護屋城은 도요토미 히데요시의 조선 출병 당시 출병거점으로 지어졌지만(1591년 완성), 히데요시가 사망하고 전쟁이 끝나면서 바로(1598) 폐성이 된 특이한 이력을 가진 성이다. 히데요시는 1587년 사쓰마의 시마즈 요시히사島津義久를 굴복시키면서 규슈 정벌을 완성하였고, 라이벌 도쿠가와 이에야스를 관동 지방으로 강제로 옮김으로써移封 전국을 통일한 것이 1590년의 일이다. 이 성을 짓기 시작한 것은 1591년 8월의 일이며, 1592년 3월에 완성하였다. 이후 전란 기간 동안 히데요시가 이 성에 머문 기간은 1년 2개월간이었다고 한다. 이곳 나고야성의 나고야名護屋와 혼슈의 중심 도시 중 하나인 나고야名古屋와 발음이 같기에, 규슈의 나고야성은 보통 과거 이 지역의 구니国 이름이었던 히젠을 앞에 붙여 히젠나고야성肥前名護屋城이라 부른다.

히젠나고야성은 해발 90m 그리고 17만m² 넓이의 해안단구 위에 지어진 평산성平山城으로, 당시로는 오사카성 다음으로 큰 규모였다. 주변에는 당시 참전했던 100명 이상의 전국 무장들이 자신의 병사들을 이끌고 운집해, 히젠나고야성은 130여 개 이상의 진지로 둘러싸여 있었다. 초기

↑ 히젠나고야성 혼마루터
⋮ 나고야 성터 모형

출전 병력이 15만 8천이었으니, 당시 이곳에는 30만 명 가까운 인구가 모여 있었다고 한다. 히젠나고야 성터는 발굴된 주변의 23개 진지 흔적과 함께 1955년에 국가특별사적으로 지정되었다. 현재 넓은 성터에는 옛 나고야 성터를 알리는 거대한 비석名護屋城本丸跡만 우뚝 솟아 있을 뿐, 별다른 흔적은 남아 있지 않다.

한편 주차장 바로 옆에는 커다란 건물이 하나 있는데, 바로 사가현립 나고야성박물관佐賀縣立名護屋城博物館이다. 일본 열도와 한반도와의 교류사가 이 박물관의 주요 주제이며, 이 같은 내용이 상설 전시되고 있다. 개인적으로 임진·정유 양난에 대한 내용이 충실하고, 나름 객관적이고 담담하게 표현되고 있다는 인상을 받았다. 나는 오래전 일본인 지인(당시 일본지리학회장)과 함께 부산 용두산공원 바로 곁에 있는 부산근대역사관을 함께 가서, 이곳이 동양척식회사 지점, 미영사관, 미문화원, 한국은행 지점 등 우리나라 근대 역사를 오롯이 거쳐 간 건물이라는 설명을 해 주었다. 그는 역사관을 둘러본 후, 내가 나고야성박물관에서 느꼈던 그 감상 그대로 나에게 전해 주었다. 작지만 아주 훌륭하고 충실하면서도 객관적인 역사관이라면서.

대부분의 박물관이 그러하듯 이곳 박물관도 월요일이 휴관이며, 월요일이 공휴일인 경우 화요일에 휴관한다. 이곳을 방문할 예정이라면 휴관일을 꼭 확인해야 한다.

07
히라도

히라도平戶島는 규슈의 북서쪽 끝에 위치한 히라도시平戶市의 중심 지역으로, 히라도 대교로 규슈와 연결되어 있다. 히라도시는 나가사키현에 속하는데, 차량으로 갈 수 있는 일본 최서단에 해당된다. 하카타역에서 어찌어찌 다비라히라도구치역たびら平戶口駅까지 간다고 해도 여기서부터는 버스나 택시를 타고 1977년 개통된 히라도 대교를 건너지 않고는 히라도에 들어설 수 없다. 하카타역에서 히라도성까지는 120km로, 자동차로 곧장 달려도 3시간가량 걸린다.

이처럼 외진 곳에, 거기다가 작은 섬에 불과한 이곳에 과연 뭐가 있길래 나는 5번이나 갔어도 또다시 가 보고 싶고, 다른 이들에게 가 보라고 소개하는 걸까? 히라도는 16세기와 17세기 서세동점西勢東漸의 국제적 소용돌이 속에서 중국, 포르투갈, 스페인, 영국, 네덜란드 등과의 교역을 담당했던 국제무역항이며, 1609년 지어진 네덜란드 상관이 1641년에 나

히라도성에서 본 히라도시. 우측 만 입구에 세워진 하얀색 건물이 히라도 네덜란드 상관.

가사키의 데지마로 옮겨 가기 전까지 있던 곳이다. 그 결과 곳곳에 남겨진 당시의 흔적들은 일본 근세사의 벽두를 이해하는 데 중요한 역할을 하고 있다. 한편 히라도에는 규슈 올레의 한 구간이 지정되어 있어 한때 국내 트레커들도 많이 찾았지만, 그것도 유행이 지났는지 요즘은 시들해졌다.

16세기 후반 나가사키 북부의 호족이었던 마쓰라 다카노부松浦隆信가 히젠쿠니肥前国 북부와 이키섬壱岐島을 정복하면서 전국 다이묘戦国大名로 등장하였다. 그의 아들 마쓰라 시게노부松浦鎮信가 도요토미 히데요시의 규슈 원정에 참여하였고 세키가하라 전투 때 동군에 참전함으로써 도쿠가와 이에야스로부터 6만 3천 석의 영지를 받아 히라도 번주로 등극하였다. 히라도가 일본의 대중국 무역의 중심지로 떠오른 것은 이보다

이른 16세기 중반부터이다. 1523년 명의 닝보寧波에서 일어난 일본 무역선 사이의 충돌로 명은 일본의 감합무역을 중단시켰다. 그 결과 중국과 일본과의 밀무역이 활성화되면서, 이곳이 개항장으로 대두되었다.

1540년대 이 밀무역의 새로운 강자로 등장한 이가 왕직王直이라는 인물로, 시암(태국)에서 일본에 이르는 넓은 바다를 완전히 장악하였다. 이 해적 집단이 바로 후기 왜구이며, 1555년 강진과 진도 일대를 휩쓴 을묘왜변 당시 왜구의 수령도 왕직이었다고 한다. 한편 전기 왜구는 이성계가 물리치기도 했다는 고려 후기의 왜구로, 13~14세기 조선의 남해안과 규슈의 북부 해안을 지배했던 해상 세력이었다. 왕직은 1540년경부터 규슈 북서부 고토 열도五島列島의 가장 서쪽 섬 후쿠에福江에 거주하면서 그곳에 당인촌唐人村을 건설하여 자신의 무역기지로 사용하였고, 1542

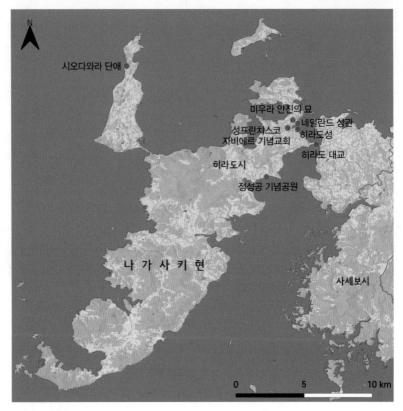

시오다와라 단애

미우라 안진의 묘

네덜란드 상관

성프란차스코
자비에르 기념교회

히라도성

히라도 대교

히라도시

정성공 기념공원

나 가 사 키 현

사세보시

0　　　　5　　　　10 km

히라도시 지도

년에는 인근의 히라도로 거처를 옮겼다. 후쿠에가 그의 밀무역 기지였다
면, 히라도는 그의 거처였다.

　이후 히라도는 나가사키와 더불어 중국, 포르투갈, 스페인의 상선들이
내왕하는 무역항으로 발전하였다. 네덜란드가 일본 진출의 거점으로 히
라도를 선정하고, 1609년 히라도에 네덜란드의 상관을 설치하는 데는 영
국인 윌리엄 애덤스William Adams와 야콥 쿠케르나크Jacob Quaecker-
naeck라는 인물에 주목할 필요가 있다. 우선 네덜란드 무역선 리프데호

의 항해사였던 애덤스는 1600년 4월 12일 규슈 분고국豊後国 우스키臼杵[현재 오이타현大分県 우스키시]에 조난되었고, 당시 일본의 실권자인 도쿠가와 이에야스가 이들에 특별한 관심을 보였다.

항해 기술과 조선 기술을 높이 산 이에야스는 애덤스를 석고 250석의 하타모토旗本(막부의 관리)에 임명하였다. 이에야스는 에도江戸(지금의 도쿄) 남쪽 미우라 반도三浦半島에 영지를, 에도의 안진초按針町와 요코스카横須賀에 저택을 하사하였다. 또한 미우라 안진三浦按針이라는 일본식 이름도 주어졌는데, 안진은 그의 직업인 도선사導船士를 의미한다. 그는 1609년 히라도 네덜란드 상관, 1613년 히라도 잉글랜드 상관의 개설에 관여하기도 했지만, 이에야스 사후 쇄국 체제가 강화됨으로써 그의 역할이 줄어들었다. 결국 이에야스 사후 쇼군의 무관심과 막신들의 견제 속에서 애덤스는 우울한 나날을 보내다가 1620년 히라도에서 쓸쓸히 죽음을 맞았다. 서양인 최초로 사무라이가 된 애덤스는 매우 훌륭한 이야기 소재가 되었기에 제임스 클라벨의 소설 『쇼군将軍』으로 출판되어 서양에 알려졌고, 가일스 밀턴의 소설 『사무라이 윌리엄』으로 나오기도 했다. 두 책은 우리나라에 번역되어 출판되었으며 2024년 초에는 디즈니플러스에서 〈쇼군〉이라는 10부작 드라마로 반영하였다.

한편 당시 히라도 번주 마쓰라 시게노부는 이에야스로부터 받은 주인장朱印状(무역 허가증)을 빠따니Pattani(말레이반도에 있던 도시)에 있던 네덜란드 상관에 보내면서, 자신의 주인선에 리프데호 선장(네덜란드인 쿠케르나크)을 동승시켰다. 이는 네덜란드 상선들을 자신의 번(히라도)으로 오게 하려는 의도였으며, 막부 역시 히라도에 도착한 네덜란드

사절단에게 상관 설치에 대해 일임하였다. 이러한 배려뿐만 아니라, 히라도가 가지고 있던 오랜 항해 역사와 지식 그리고 인근 나가사키로부터 각종 무역 정보를 얻을 수 있다는 이점을 바탕으로, 네덜란드는 히라도를 자신들의 일본 무역 거점으로 결정하였다.

1616년부터 막부는 유럽 상선의 내항 및 거래를 나가사키와 히라도로 제한함으로써 일본 전국의 상인들이 나가사키와 히라도로 몰려왔고, 네덜란드 동인도회사 측에서도 이제 히라도 상관이 아시아 무역에서 가장 많은 이익을 올리는 상관 중의 하나가 되었다. 대만의 네덜란드 상관과 일본의 주인선 간의 마찰로 무역이 일시 중단되는 사태도 있었지만, 1637년 동인도회사의 총이익 가운데 히라도 상관이 차지하는 비중이 무려 70%에 달하기도 했다. 또한 1638년에 이르면 히라도의 무역량은 나가사키를 통해 들여오는 중국 밀항선 무역이나 포르투갈의 무역량을 능가하게 되었다.

이제 막부에게 무역은 물론 가톨릭 포교도 포기할 수 없다는 포르투갈보다는 포교에 소극적이고 막부의 무리한 요구에도 순종적인 네덜란드가 포르투갈을 대체할 수 있는 세력으로 떠올랐다. 물론 당시 동아시아 바다에서 포르투갈에 비해 네덜란드의 지배력이 우위에 있었음을 막부도 잘 알고 있었다. 1639년 막부는 포르투갈에 대해 내항금지령을 내렸고, 1641년 5월 막부는 에도에 참부한 네덜란드 상관장에게 히라도 상관의 나가사키 이전을 명령하였다. 이에 상관장은 조속히 실행하겠다고 약속하고는 히라도로 돌아와 즉시 이전 준비를 했으며, 6월에 히라도 주민들의 환송을 받으면서 33년간의 히라도 상관시대의 막을 내렸다. 이 같

↕ 미우라 안진의 묘
↕ 절과 교회가 함께 보이는 풍경

은 네덜란드 측의 순종적인 태도는 기본적으로 일본과의 무역에서 많은 이익이 남기 때문이며, 막부의 기질과 위력을 잘 알기에 자신들이 쇼군 휘하의 하부 기관임을 정중하게 나타내기 위함이었다. 이제 서구에 대한 일본의 창구는 나가사키로 단일화되었고, 그 파트너 역시 네덜란드로 한정하면서 막부는 자기주도적 쇄국을 유지해 나갔다.

나의 히라도 여행 루트는 복원된 네덜란드 상관에서 시작된다. 네덜란드가 아시아 지역에서 식민지 경영과 무역 확대를 위해 1602년 동인도회사를 설립하고, 1603년 자바섬 반탄에 상관을 설치한 것이 네덜란드 상관의 효시이다. 1609년 네덜란드와 일본이 정식 국교를 수립하면서 이곳 히라도에 네덜란드 상관이 설치되었다. 1641년 네덜란드 상관이 데지마로 옮기면서 상관은 파괴되었고, 그 주변은 상업시설로 바뀌었다. 네덜란드 상관의 유적을 본격적으로 발굴하기 시작한 것은 1987년부터이며, 2000년 일본-네덜란드 통상 400주년(리프데호가 표착한 1600년을 기준으로)을 계기로 상관 복원 계획을 추진하였다. 마침내 2011년 과거 창고(1639년 건설, 길이 46m, 폭 13m의 2층 건물로, 2만 개의 자갈을 사용해 만든 일본 최초의 서양식 건물) 건물을 복원하여 〈히라도 네덜란드 상관〉이라 명명하였다. 지금도 주변과 어울리지 않는 흰색 벽의 서양식 건물이 과거 히라도가 일본의 대표적인 무역항이었음을 상징해 주고 있다. 이곳에는 전국 각지에서 수집된 지도, 문헌, 그림, 항해용구, 일용품, 무기류 등이 전시되어 있다.

네덜란드 상관을 나와 오솔길을 따라 언덕을 올라가면, 과거 잉글랜드 상관이 있던 사키가타 공원崎方公園에 있는 미우라 안진의 묘가 나오고,

시오다와라 단애

이어 자비에르 기념교회가 있는 언덕에 오른다. 여기서 자비에르란 예수회 창립 멤버 중 하나인 성 프란치스코 자비에르를 말하는데, 그는 일본에 오기 전 인도, 말레이반도, 믈라카 제도 등지에서 포교 활동을 했으며, 일본 포교 후 중국으로 갔다가 그곳에서 사망하였다. 자비에르는 1549년 규슈 남단 가고시마鹿児島에 상륙한 이후 2년여 동안 규슈 및 관서 지방을 돌아다니며 선교 활동을 한 인물이다. 그는 일본 최초의 가톨릭 선교사로 짧은 일본 체류 기간에 무려 3번이나 히라도를 방문했다.

자비에르 이후 방문한 다른 예수교 선교사들로부터 히라도와 그 부속 섬인 이키스키시마生月島에서 많은 주민이 세례를 받았고, 이 지역에서는 가톨릭이 금기시 된 에도 시대 내내 많은 신자들이 숨어서 신앙을 지

켜나갔다. 올라온 길이 아닌 그 옆으로 난 골목길을 내려오면, 자비에르 기념교회와 고묘지光明寺, 즈이운지瑞雲寺가 동시에 보이는 곳寺院と教会の見える風景을 거쳐 해안가로 내려온다. 이후 마쓰라 사료박물관松浦史料博物館을 방문하고는 1707년 준공된 마쓰라가松浦家의 거성 히라도성平戸城(일명 가메오카성亀岡城)에 올라 히라도 일대를 조망한다.

이외에도 히라도시 관광안내문에는 많은 볼 곳과 먹거리를 소개하고 있으니 자신의 기호와 시간적 여유에 맞춰 여행 일정을 조정하면 된다. 시간 여유가 있고 렌터카로 여행하고 있다면 히라도의 부속 섬인 이키스키시마로 건너가 보자. 아름다운 트러스교인 이키스키 대교生月大橋가 1991년 개통되어 히라도와 연결되면서, 이키스키시마는 규슈 본토와도 자동차로 직접 연결된다. 개통 초기에는 유료도로였으나, 지금은 무료이다. 이키스키시마에서 가장 인상적인 곳은 시오다와라 단애塩俵断崖라는 주상절리 절벽이다. 높이 20~30m로 해안을 따라 500m가량 펼쳐져 있으며, 이키스키 대교에서 이곳으로 이어지는 길은 선셋로드Sunset Road로도 유명하다. 북쪽 해안에는 1958년에 처음으로 불을 밝힌 오바에 등대大バエ灯台 역시 빼어난 일몰 광경으로 유명한데, 한때 이곳에서는 고래들이 뛰놀던 광경을 볼 수 있었다고 한다.

히라도를 빠져나오면서 대부분 지나치고 말지만 히라도 대교를 건너지 않고 오른쪽으로 접어들면 정성공 기념관鄭成功記念館이 나온다. 그는 히라도 태생으로 일본인 어머니와 중국인 아버지 사이에 태어났다. 중국으로 귀국한 이후 정성공은 후명後明의 강력한 지지 세력으로 성장하였고, 17세기 한때 동아시아의 바다를 주름잡던 해상왕이었다. 그는 네

정성공 기념공원과 동상

덜란드로부터 대만을 쟁취하였기에 외세를 물리친 중국의 아들이자 대만 건국의 아버지로, 중국 본토와 대만에서 공히 영웅으로 추앙받고 있는 인물이다. 히라도를 둘러싼 16~17세기 이야기는 졸저『막말의 풍운아 에노모토 다케아키와 메이지 유신(2017, 푸른길)』제1장(pp.43~97)에 자세히 소개해 놓았으니 참고하기 바란다.

08
구쥬쿠시마

히라도를 벗어나 자동차를 타고 해안을 따라 남쪽으로 1시간가량 가면 일본에서 가장 아름다운 해안 중 하나인 구쥬쿠시마九十九島가 나타난다. 일본에서 구쥬쿠(99)는 많다는 의미의 관용어로, 실제로 이곳에는 200개가 조금 넘는 섬들이 해안을 따라 펼쳐져 있다. 이 중 유인도는 2개이며, 또 다른 2개의 섬은 다리로 육지와 연결되어 있다. 석양이 질 때 황금색 바다에 점점이 펼쳐진 섬들의 풍경 그리고 섬 사이를 천천히 지나는 크루즈선의 모습은 여행자에게 평생 잊지 못할 추억으로 다가선다.

구쥬쿠시마의 절경은 높은 전망대에 올라야 그 진가를 알 수 있는데, 사세보시 안내문에는 모두 8군데를 추천하고 있다. 나는 그중에서 고도도 높고 해안에서 가까운 3~4군데를 올랐으나, 굳이 한 곳을 추천하라면 당연히 이시다케 전망대石岳展望台이다. 자동차나 승합차 정도라면 주차장 오른편 샛길을 따라 전망대 산책로 입구의 작은 주차장까지 갈 수 있

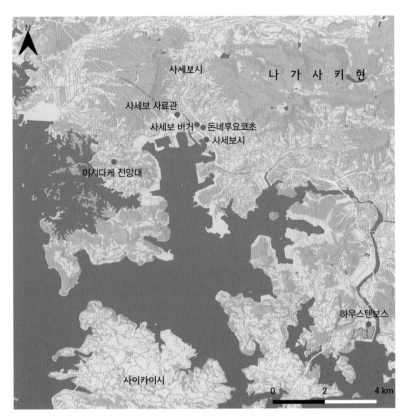

사세보시 지도

다. 만약 대형버스로 움직이고 있다면 당연히 대형주차장에 세워 산길을 올라야 한다. 급경사이기는 하지만 20~30분이면 충분히 오를 수 있다. 다른 전망대에 비해 산길을 올라야 한다는 수고는 있지만, 좌우로 펼쳐진 구쥬쿠시마 전경을 한눈에 볼 수 있다는 장점이 있다. 게다가 섬들과의 거리도 가깝고 전망대 고도도 높아 부감俯瞰(내려다보는 경치)을 즐기기 위한 모든 조건을 갖추고 있다.

이러한 장점에 더해 이곳은 2003년 개봉한 할리우드 영화 〈라스트 사

이시다케 전망대에서 바라본 구쥬쿠시마

무라이〉 첫 장면을 촬영한 곳으로도 유명하다. 이 영화는 미야자키 아오
이宮崎あおい가 열연했던 NHK 장편드라마 〈아쓰히메篤姫〉와 더불어 내
가 일본 근대사, 그중에서도 메이지 유신에 흠뻑 빠지는 결정적 계기가
된 영화였다. 미국 남북전쟁이 끝나면서 전쟁 후유증을 겪던 북군 병사
네이든 알그렌(톰 크루즈 분)이 군사고문단의 일원으로 일본에 왔지만,
사라지는 일본 전통과 무사도를 고수하려는 가쓰모토[와타나베 켄渡辺謙
분]에 매료되어 그의 전쟁에 참가한다는 스토리이다. 이 영화의 스토리
는 막말 신정부와 구막부군 간의 전쟁인 보신전쟁戊辰戰爭(1868~1869)
과 사이고 다카모리의 반란군과 신정부군과의 전쟁인 세이난 전쟁西南戰
爭(1877)을 마구 뒤섞어 놓은 듯하다.

　이 이야기를 조금 더 해 보자면, 1866년 마지막 쇼군 도쿠가와 요시노부가 등극하고 막부 육군의 근대화를 위해 프랑스로부터 군사고문단을 초청하였다. 하지만 1867년 막부는 붕괴되고 신정부 역시 재정 부족으로 군사고문단을 더 이상 고용할 수 없어 해고하였다. 하지만 일부는 자신들이 훈련을 시킨 구막부군과 함께 싸우기로 결정했고. 그중 계급이 가장 높은 이가 줄 브뤼네Jules Brunet 대위였다. 그는 에노모토 다케아키 榎本武楊가 이끄는 구막부군 함대에 승선하여 하코다테로 향했으며, 초기 구막부군의 홋카이도 점령과 하코다테 정권 수립에 기여하였다. 하지만 신정부군의 공격이 개시되면서 에노모토 진영을 떠나 본국으로 귀국하였다.

프랑스 군사고문단의 일원이었고 보신전쟁의 마지막 전쟁인 하코다테 전쟁에 종군했던 줄 브뤼네가 바로 영화 속 미국 병사 네이든 알그렌의 모델이었다. 1873년 정한론 정국에서 패배한 사이고 다카모리西鄕隆盛가 고향 가고시마로 귀향했고, 1877년 신정부의 서구화 정책에 불만을 가진 사쓰마 사족들의 반란을 주동하면서 세이난 전쟁을 일으켰다. 영화의 마지막 장면인 신정부군과 반란군의 격전은 구마모토 북쪽의 다하라자카에서 벌어진 전투를 모델로 한 것으로 판단된다. 이 전투에서 패한 반란군은 더 이상 진군하지 못하고 패퇴하고 말았다. 영화 속 전통주의자 가쓰모토는 바로 사이고 다카모리를 모델로 하였다.

또 다른 측면에서 다하라자카 전투는 군대 식량의 편의성이 얼마나 중요한지를 깨닫게 된 계기가 되었다. 17일간 이어진 전투에서 주먹밥을 먹어야 했던 사무라이들은 계속된 폭우로 밥을 짓지 못해 허기에 시달렸고, 간편식을 먹었던 신정부군은 허기를 달래며 전쟁을 치를 수 있었다. 이때 신정부군이 먹었던 간편식이 바로 단팥빵이었다. 이후 일본은 태평양 전쟁을 일으키기 직전 건빵도 개발하였다. 현재 건빵은 동북아 국가의 전투식량으로 이용되고 있다.

영화 이야기가 너무 길었다. 사실 구쥬쿠시마를 보지 않고 사세보 여행을 말할 수 없다. 전망대에서 조망하는 것 이외에 구쥬쿠시마는 유람선으로도 주유할 수 있다. 유람선 펄퀸Pearl Queen이 약 50분 동안 수많은 섬 사이를 지나면서, 리아스식 해안의 절경을 온몸으로 체험할 수 있게 해 준다. 유람선 매표소는 구쥬쿠시마 펄 씨 리조트Pearl sea resort 안에 있는데, 이곳 리조트에는 돌고래 쇼를 하는 수족관이 있으며 해안 마리

나에서는 요트나 카약 등을 체험할 수 있다.

구쥬쿠시마 최대의 섬인 구로시마黑島는 에도 시대 종교박해를 피해 숨어든 가톨릭隱れキリシタン이 다수 거주하였고, 지금도 총인구 349명 (2022년 기준) 중 80%에 달하는 주민들이 가톨릭이다. 구로시마에는 섬의 크기나 주민 수에 어울리지 않는 커다란 구로시마 성당黑島天主堂이 있는데, 이 건물은 1897년 파리외방전도회에서 파견된 신부의 지도 아래 지어지기 시작해 1902년에 완공하였다. 이 성당은 국가 주요문화재로 지정되어 있으며, 2018년 '나가사키와 아마쿠사 지방 잠복 기독교도 관련 유산長綺と天草地方 潛伏キリシタン関連遺産'이라는 유네스코 세계유산의 일부로 지정되었다.

이제 이 지역의 중심 도시 사세보로 가 보자. 앞서 이시다케 전망대에서 구쥬쿠시마 반대편을 내려다보면 사세보시가 온전히 보인다. 인구 20여만 명의 작은 항구도시임에도 불구하고, 도시 규모에 비해 항만 시설이 대단히 크다는 것을 단번에 알 수 있다. 19세기 후반까지 사세보시 일대는 한적한 어항에 불과했으나, 메이지 시대 들어오면서 일본 유수의 군항으로 발전하였다. 지금은 해상자위대 사세보기지와 재일 미해군 사세보기지가 있는 일본의 대표적인 해상방위 거점으로 성장하였다. 실제로 청일·러일전쟁 당시는 한반도와 중국 대륙에 가장 가까운 일본제국 해군의 핵심 군항의 역할을 했으며, 제2차 세계대전 이후 사세보에는 육상자위대와 해상자위대의 각 교육기관과 미해군 사세보기지가 들어섰다. 그 결과 항구에는 자위대의 호위함과 미군 함선이 배치되어 있으며, 시가지에서 외국인이나 제복을 입은 군인들을 쉽게 볼 수 있다. 특히 미

사세보시와 사세보항

해군 사세보기지는 미 태평양함대 제7함대의 군사기지 일부로, 한반도 유사시 최단시간에 동원될 수 있는 미군의 핵심 전력 중 하나이다.

한편 사세보시는 인근의 구쥬쿠시마와 일본 최대의 테마파크인 하우스텐보스가 있는 관광도시이기도 하다. 하지만 사세보시의 해군 관련 시설은 일반 관광객의 관심 밖이거나, 설령 관심이 있다고 해도 접근이 쉽지 않아 일반 관광객이 사세보시를 찾는 경우는 거의 없다. 내 경우 사세보 버거가 유명하다는 이야기를 듣고 고속도로로 사세보시 부근을 지나다 점심시간에 잠시 들린 경우가 있다. 미군이 이 지역에 주둔하면서 1950년대부터 햄버거 가게가 하나둘씩 생기기 시작했다고 하는데, 지금은 사세보시의 대표적인 먹거리가 되었다. 사세보시 입구의 사세보 중앙 IC를 빠져나오자마자, 히카리Hikari와 로그 킷LOG KIT이라는 유명 햄버

오니키노 다랑논

거 가게가 나타난다. 나는 지금도 일주일에 한 번은 꼭 먹을 정도로 햄버
거를 좋아하며, 정크푸드라는 일반인들의 폄훼에도 불구하고 가격에 비
해 영양학적으로 완벽하고 또한 가성비가 높은 음식이라 확신하고 있다.
입맛이란 주관적인 것이지만 이곳 햄버거 맛은 내 기대에 못 미쳤다. 시
간이 조금 허락한다면 근처 해상자위대 사세보 사료관海上自衛隊 佐世保
史料館에 방문해 보기를 권한다. 생각보다 잘 구성되어 있어, 일본 해군
의 역사와 사세보 해군기지에 대해 많은 정보를 얻을 수 있다.

　일반 관광객이 사세보시를 찾는 경우는 드물며, 나 또한 마찬가지였다.
한번은 사가현과 나가사키현의 경계부에 있는 오니키노 다랑논鬼木の棚
田(일본 다랑논 100선 중의 하나)과 우레시노嬉野 다원 그리고 다케오武
雄 온천 등을 여행하고는 근처에 적당하고 싼 숙소가 없어 사세보시까지

가서 1박을 한 적이 있다. 아침에 일어나 이 도시에서 무언가 특색 있는 걸 보고 가야겠다고 마음먹고 찾아 나선 곳이 바로 돈네루요코초トンネル 横丁(터널 거리)이다. 일반적으로 요코초横丁는 일정 가게들이 모여 있는 거리를 말하는데, 라멘요코초, 오뎅요코초 등이 그 예다. 이 거리는 사세보역에서 걸어서 5분 거리에 있는 도오戸尾 시장의 일부인데, 생선, 건어물, 식육, 야채, 튀김 등 다양한 식재료 전문점과 식당이 늘어선 사세보의 부엌 구실을 한다.

　도오 시장 일대는 신선 식품의 노점상에서 시작되어 사세보역이 개통되고 철로가 연장되면서 이 일대가 커다란 시장으로 발전하였다. 아직도 쇼와 시대 정취가 그대로 풍겨 나올 것만 같은 인정미 넘치는 상가로도 유명하다. 특히 작은 언덕 경사면에 있던 방공호를 점포로 이용함으로써, 이곳은 사세보의 명물인 돈네루요코초로 발전하게 되었다. 일견 보기에는 보통의 점포와 다름없으나 점포 안쪽을 굴착하여 좁은 공간을 적극적으로 활용하였는데, 아직도 벽면에는 정 자국이 남아 있는 곳이 있다고 한다. 오전 8시부터 오후 7시까지 열리며 매월 첫째, 셋째 일요일은 문을 닫는다.

09
나가사키

2023년 〈오펜하이머〉라는 영화가 개봉되면서 다시금 원자폭탄의 위력과 엄청난 피해에 대해 상기시키고 있다. 더불어 세계에서 처음이자 마지막으로 원자폭탄의 피해를 입은 일본은, 2011년 동일본 대지진으로 후쿠시마 원자력발전소가 파괴되면서 배출된 핵오염수 해양배출을 두고 인근 국가와 갈등을 빚고 있다. 난 근대 과학의 신봉자이며, 또한 그걸 대학에서 30년 이상 가르쳐 왔기에 아무 거리낌 없이 국내에서도 일본에서도 생선을 먹는다. 우리 수산물에 피해가 있을 정도라면 우린 일본 여행을 포기해야 한다고 생각한다.

히로시마와 더불어 원자폭탄이 투하된 일본 두 도시 중 하나가 바로 나가사키이다. 원래는 군수물자와 관련된 핵심 중공업 도시였던 기타큐슈 北九州가 투하 대상이었으나 당시 일기가 불순해 급히 나가사키로 투하 지점을 변경했다고 한다. 나가사키는 16세기 포르투갈 선박의 기항지였

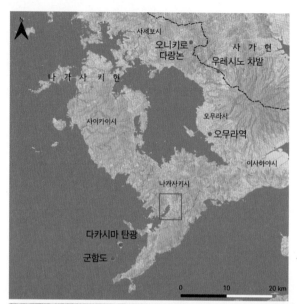

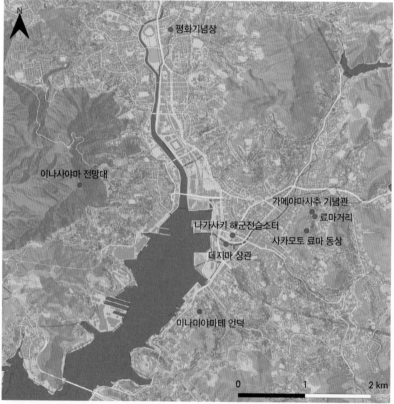

나가사키현 지도

으며, 17세기부터 19세기 말까지 네덜란드와 중국과의 무역이 공식적으로 허락된, 일본 본토에 있던 유일한 개항장이었다. 막말 대혼란기에 일부 번들이 대표부를 설치하여 번의 부국강병을 위해 선박, 무기, 공작기기 등을 수입하는 창구 역할을 했는데, 무기상 토머스 글러버Thomas Glover나 가메야마샤추亀山社中의 사카모토 료마坂本龍馬 이야기도 모두 이러한 배경의 산물이다.

2022년 9월 니시큐슈西九州 신칸센이 개통되었으나 하카타역에서 한 번에 갈 수는 없으며, 다케오온센역武雄温泉駅에서 한 번 환승하면 1시간 30~40분이면 도착한다. 렌터카로 고속도로를 달리면 2시간이면 도착할 수 있다. 사세보에서 나가사키까지도 비슷하게 걸린다. 나가사키에 가까워지면 오무라大村라는 도시를 지난다. 일제강점기, 심지어 1950~1960년대까지도 제주도나 경남 해안에서 일본으로 밀항하다가 적발되면 오무라수용소에 수용되었다고 한다. 내 부친 이야기로는 밀항선을 타서 아침에 내리고 보니 일본이 아니고 경남 어느 해안가였고, 다시 시도 끝에 일본 밀항에는 성공했으나 적발되어 오무라수용소에 잠시 있었다는 이야기도 들었다.

후쿠오카에서 아침 일찍 일어나 당일치기로 나가사키의 주요 관광지만 보고 돌아올 수 있지만, 이럴 경우 정말 나가사키의 겉만 보고 올 가능성이 높다. 나가사키는 16세기부터 서양 문물이 직접 도입된 곳이기에 무역, 종교, 산업 등 다양한 분야에 그 흔적이 남아 있다. 게다가 앞서 언급했듯이 이 도시는 원자폭탄이 투하되어 엄청난 피해를 입었고, 후세에 평화의 중요함을 전하기 위해 피폭의 흔적을 고스란히 보존하고 있다.

그리고 봄철 벚꽃이 도시 전체에 만개하여 장관을 이루며, 이나사야마 전망대稻佐山展望台에 올라 보는 야경은 감탄을 자아낸다.

　나가사키의 가장 강한 도시 이미지는 세계 2번째의 피폭도시라는 점이다. 그래서 나가사키를 처음 방문하는 관광객이 가장 먼저 찾는 곳도 이와 관련된 시설일 것이다. 나도 마찬가지지만 원폭자료관이나 원폭사망자추도 평화기념관보다는 그보다 북쪽 언덕에 세워진 푸른색의 거대한 평화기념상平和祈念像을 먼저 찾았다. 언덕 위에는 9.7m 높이의 근육질 남성 조각상이 세워져 있는데, 그 크기와 비장함은 이곳이 원폭피해자를 추모하고 더 이상 이런 끔찍한 일이 재현되지 않기를 기원하는 공간임을 상징하고 있는 듯했다. 조각상의 손 모양도 범상치 않은데, 수평으로 편 왼손은 평화를, 수직으로 세운 오른손은 원폭의 위험을 가리킨다고 한

평화기념상

다. 얼마 전 문제가 되었던 광주의 정율성 동상이 이 동상과 비슷한 모습을 하고 있다면, 그건 나의 착각인가?

언덕에서 내려오면 실제로 원자폭탄이 떨어진 곳을 표시해 놓았고 이어 원폭자료관 입구에 도착한다. 자료관 내에는 피폭 피해의 참상을 알리는 다양한 자료가 전시되어 있다. 그러나 이 사건의 원인에 대해서는 아무런 지적 없이, 그저 자신들은 무자비한 무기의 피해자이며 재발 방지를 기원하는 평화주의자 코스프레를 하는 모습에 약간 어색할 뿐이다. 희생자 중에는 재일교포가 수만 명에 이르렀다고 하는데, 징병 가셨던 부친, 10세 소녀였던 모친, 징용 가셨던 백부 모두, 당시 우연히도 히로시마, 나가사키 근처에 계셨다. 따라서 어릴 적 나는 그분들부터 원폭에 관한 참혹한 뒷이야기를 전해 들었다.

나가사키의 두 번째 상징 경관은 16세기부터 시작된 일본 유일의 개항과 관련된 것으로, 가장 대표적인 것이 바로 인공섬 데지마出島이다. 1570년 나가사키의 개항에는 이 일대의 전국다이묘戦国大名였던 오무라 스미타다大村 純忠의 천주교 귀의와 관련이 있다. 15세기 말부터 16세기 말까지 전란이 빈번했던 전국시대戦国時代에 무로마치 막부室町幕府의 권위가 약화되면서 중앙정부로부터 임명되던 수호다이묘守護大名 대신 토지와 인민을 독자적으로 지배하면서 할거하는 전국다이묘戦国大名가 전국 각지에서 출현하였다. 가톨릭이기도 했던 오무라는 무역의 이익을 노리면서 나가사키를 개항했다. 그 이듬해인 1571년 포르투갈의 배가 도착했으며 이는 이후 1639년까지 계속되었다. 뒤이어 오무라는 나가사키 항 주변을 예수회에 기증함으로써 예수회의 치외법권 지역이 되었다.

데지마 상관 복원터

　1587년 규슈를 정복한 도요토미 히데요시는 가톨릭 세력의 추방령을
포고하고 나가사키를 직할령으로 삼았다. 그 이듬해인 1588년 사가 번주
데라자와 히로타카寺沢広高를 나가사키 부교奉行(지방관)로 임명하였다.
막부는 1636년 인공섬 데지마出島를 완공하였고, 시내 곳곳에 흩어져 있
던 포르투갈 상인들을 이곳에 이주시켜 그들의 포교와 무역을 통제하였
다. 1639년 데지마의 포르투갈 상관이 폐쇄된 이후 일시 무인 상태로 방
치되었다가, 1641년 네덜란드 상관이 이주해 온 뒤로 재활성화되었다.
1859년 일·네덜란드 화친조약이 맺어지면서 네덜란드 상관은 그간 200
여 년 동안 유럽 국가 유일의 무역창구 역할을 마감하였다.
　나가사키에 있던 네덜란드 상관장은 매년 에도의 막부를 찾아가는, 소
위 에도 참부江戸参府를 실시하였다. 에도 참부는 히라도 시절인 1633년

부터 시작되어 매년 시행되다가, 무역량이 줄어들면서 1790년부터는 4년에 1번 실시하였고, 1850년까지 지속되었다. 상관장은 무역 허가에 대한 감사의 헌상물을 바침과 동시에 국제 정세를 보고하는 '풍설서'를 제출하였다. 이는 네덜란드 스스로 일본의 배타적 무역 상대국임을 확인하는 절차인 동시에, 막부 역시 기독교를 금지하고 네덜란드만이 유럽 유일의 무역국임을 대내외적으로 천명하는 의도가 담겨 있었다. 1996년부터 데지마 복원 사업이 시작되어 현재까지 진행되고 있으며, 복원이 완성된 부분은 관광객들에게 개방하고 있다.

한편 나가사키에는 중국인만을 위한 무역창구인 도진야시키唐人屋敷도 있었다. 원래 나가사키 중국 상인들은 일본인들과 함께 잡거 상태로 살았다. 하지만 명청 교체기에 많은 중국인들이 나가사키로 몰려들었고, 특히 강희제 때인 1686년 천계령(遷界令: 해안 봉쇄령)이 폐지되면서 많은 중국인들이 몰려왔다. 일본 정부가 이들을 관리하기 위해 특별 거주 지역으로 지정한 곳이 바로 도진야시키였던 것이다. 1689년에 완공된 이곳은 면적이 데지마의 3배가량 되었고, 많을 경우 2,000명에 가까운 중국인들이 거주했다고 한다.

데지마에 머물던 네덜란드인들이 전한 서양의 문물과 학문은 당시 일본 사회에 큰 영향을 끼쳤다. 특히 〈난학〉이라는 이름의 서양 근대 학문은 의학을 비롯한 과학 기술뿐만 아니라 정치, 사회, 사상 등 다양한 분야에 영향을 미침으로써 일본의 근대화에 크게 기여하였다. 한편 막부 말기 1855년에 네덜란드의 제안으로 시도된 나가사키 해군전습소長崎海軍伝習所 개설은 근대식 해군 교육은 물론 근대 의학과 조선업 발전에 크게 이바지했다. 그 결과 중 하나가 나가사키 제철소(조선소) 건설과 나가사키 양생소長崎養生所(나가사키 의과대학 전신)의 설치였다.

이곳 해군전습소에서 서양의 합리적·조직적 훈련을 받은 해군 사관들은 이를 계기로 서로 끈끈한 동지애를 구축했고, 이들의 연대 의식은 개인으로나 집단으로나 막말과 메이지 시기를 헤쳐 나가는 큰 원동력이 되었다. 해군전습소 출신자들은 일본 해군 건설에만 기여한 것이 아니다. 그들이 받은 다양하면서도 실용적인 사관생도 교육은 이후 일본의 철도, 조선, 중화학공업, 천문, 기상, 항로, 수학 및 과학 교육, 선원 양성 등에서 크게 이바지하였다. 현재 나가사키 현청 자리에 있던 나가사키 서역소西役所에 해군전습소가 개설되었고, 지금은 그 자리에 나가사키해군전습소터長崎海軍伝習所跡 비가 세워져 있다.

요즘은 약간 시들해졌지만, 2010년 NHK에서 매주 일요일 대하드라마 〈료마전龍馬傳〉이 방영되면서 다시 한번 일본 열도는 '료마'의 열기에 휩싸였다. 당시 국내에서도 방영 이틀 후면 한글 자막까지 붙은 영상이 돌아다닐 정도로 관심을 끌었고, 나 역시 방영 다음 날부터 그 영상 파일을 기다리곤 했었다. 나가사키에는 료마 거리龍馬通り가 있을 정도로 그와 관련된 추억거리를 여기저기 만들어 놓았다. 료마가 일약 막말의 스타가 된 배경에는 나가사키 해군전습소 1기 출신이자 1864년 고베 해군조련소를 개설한, 당시 군함 부교(요즘으로 치자면 해군사령관)였던 가쓰 가이슈勝海舟와의 인연이 있다. 가쓰는 1865년 3월 고베 해군조련소 폐쇄와 함께 조련소 숙두였던 사카모토 료마를 비롯한 일부 학생들의 뒷일을 사쓰마의 가로였던 고마쓰 다테와키小松帶刀에게 부탁하였다.

일반적으로 료마가 주축이 되어 만든 나가사키의 무역상사인 가메야마샤추龜山社中의 중계무역이 빛을 발하면서 견원지간의 사쓰마–조슈가 화해를 할 수 있었고, 마침내 삿초 맹약을 결성하게 되었다는 것이 통속적인 설명이다. 하지만 이 중계무역이 실시될 당시 료마는 가메야마샤추가 있던 나가사키에 있지 않았다. 또한 삿초 맹약은 두 번 사이의 군사동맹으로서 이를 기반으로 토막, 즉 도쿠가와 막부의 붕괴가 시작된 역사적인 출발점으로 보고 있다. 그리고 견원지간 같은 두 번을 화해로 이끈 료마의 신화가 여기서 시작한다. 하지만 이 맹약은 결코 군사동맹이

가자가시라 공원 내 사카모토 료마 동상

아니었으며, 제2차 조슈정벌 전쟁이 일어난다면 사쓰마가 조슈에 대해 물심양면으로 지원하겠다는, 특히 조슈번의 정치적 복권을 위해 노력하겠다는 일방적인 원조 맹약에 불과하였다.

이처럼 료마의 신화는 역사의 진실과는 약간 비켜서 있다. 하지만 료마가 주인공으로 등장하는 TV 드라마는 지금까지 10여 편에 달하며, 이외에도 소설, 만화, 영화, 연극 등 다양한 분야에서 매력적인 주인공으로 등장했다. '일본 1000년의 리더 1위', '일본 역사상 가장 존경받은 인물', '현대 일본 경영자들이 입을 모아 칭찬하는 신화와 같은 존재' 등등, 당시 일개 하급 무사로 33세에 요절한 청년에게 붙이는 수식어로는 지나치게 부풀려진 감도 없지 않다. 사실 유신 3걸이라는 불리는 사이고 다카모리, 오쿠보 도시미치, 기도 다카요시 등 일본을 근대화의 길로 이끈 유신 지도자는, 종국적으로 제국주의 일본을 전 세계와의 전쟁으로 몰아넣어 수백만의 희생자만 남겼다는 평가를 받는다. 그 반면에 료마가 추구했던 평화주의적 지향과 인간적 매력은 시간이 갈수록 인기를 누리게 되었고, 일본이 어려운 시기를 직면할 때마다 국론 일치의 아이콘으로 등장하면서, 시대적, 문화적, 정치적 상징으로 재등장하였다.

그의 이러한 매력 때문에 나는 2014년 미국인 역사학자 마리우스 잰슨Marius B. Jansen 교수가 쓴 『사카모토 료마와 메이지 유신』을 번역했다. 이 책은 료마의 인기를 절정에 이르게 한 일본의 인기 대중소설가 시바 료타로司馬遼太郎의 소설 『료마가 간다』의 기본 텍스트였다고 한다. 료마 거리에는 가메야마샤추 기념관이 있으며, 여기서 언덕을 따라 10분가량 오르면 가자가시라 공원風頭公園 정상에 료마의 동상 하나가 서 있다. 나가사키시 전경이 한눈에 보이는 빼어난 조망을 보여 주는 곳으로, 고향 고치시高知市에 있는 동상까지 포함해서 내가 본 료마 동상 중에서 가장 당당한, 어떤 측면에서는 거만하게까지 보이는 최고의 료마 동상이 공원 정상에 서 있다.

막부가 1858년 영국을 비롯한 서양 5개국과 수호통상조약을 체결하면서 나가사키는 서양을 향해 완전히 문을 열었고, 이제 서양으로부터 온 많은 외교관과 상인들을 위한 거주지가 필요했다. 현재 오우라 천주당大浦天主堂에서 구라바 정원グラバー園으로 이어지는 미나미야마테南山手 언덕에는 이들을 위한 거주지가 조성되어, 당시에도 '외국인 거리'라 불렸다. 오우라 천주당은 1864년에 지어진 일본에서 가장 오래된 성당이며, 서양식 건물 중에서는 유일하게 일본의 국보로 지정되어 있다. 구라바 정원에는 막말 대표적인 무기 거래상이었던 글러버Thomas B. Glover의 저택을 비롯해 근처에 있던 2개의 건물 부지에 나가사키 시내 여러 곳에 흩어져 있던 7개의 근대식 건물을 옮겨와 전시하면서 하나의 야외공원으로 꾸며 놓았다.

글러버는 친막부, 반막부, 막부 가리지 않고 무기를 판매했는데, 사카모토 료마의 가메야마샤추도 거래 대상의 하나였다. 혹자는 사카모토 료마가 글러버의 하수인이자 대리인에 불과한 인물이라 혹평하기도 한다. 이때 거래된 무기 대부분은 미국 남북전쟁이 끝나면서 더 이상 필요가 없어진 무기들이 일본으로 수입되었다고 한다. 따라서 글러버는 막부 말기 일본에 내전을 불러일으킨 '지옥의 무기상'으로도 일컬어지지만, 무기 매매에만 한정되지 않고, 철도, 조선, 탄광, 제다, 맥주 산업 등 일본의 근

군함도

대 산업 발달에도 기여한 측면이 있다. 메이지 신정부가 들어선 이후인 1868년 사가번과 함께 공동으로 다카시마 탄광高島炭鉱을 개발했는데, 우리나라에서 영화화되면서 유명해진 인근의 하시마 탄광端島炭鉱(일명 군함도)과 함께 '메이지 일본의 산업혁명유산 제철·제강, 조선, 석탄산업明治日本の産業革命遺産 製鉄·製鋼, 造船, 石炭産業'의 구성요소로서 유네스코 세계유산에 등재되어 있다. 일반인도 하시마 탄광까지는 나가사키에서 출발하는 유람선으로 갈 수 있다.

10
운젠다케

　나가사키 여행을 끝내고 곧장 후쿠오카로 귀환할 수 있지만, 가까이 있
는 일본 최초의 국립공원인 운젠·아마쿠사 국립공원雲仙天草国立公園을
둘러보려면 이제 긴 여행길에 접어들어야 한다. 운젠·아마쿠사 국립공
원은 운젠다케雲仙岳를 중심으로 하는 화산지대와 리아스식 해안의 절경
을 보여 주는 아마쿠사 섬들로 구성되어 있다. 운젠다케를 오르면 다시
나가사키로 돌아가기보다는 반대편 시마바라島原로 내려오는 것이 여행
의 순리이다. 여기서 페리를 타고 아마쿠사로 가서 해안 절경이나 가톨
릭 유적을 보거나, 페리를 타고 구마모토로 가 본격적인 아소阿蘇 화산
여행으로 이어가면 된다. 나가사키에서 출발해서 운젠다케의 중심지인
운젠온천까지는 버스편이 있으나 주변을 둘러보고 시마바라로 가려면
아무래도 렌터카가 편리하다. 시마바라에서 출발하는 페리에는 승용차
나 버스를 실을 수 있다.

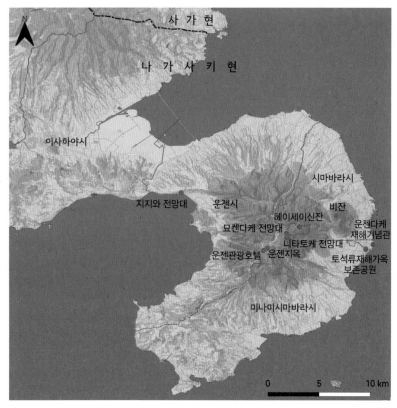

운젠다케와 주요 지점

    운젠다케란 1991년에 새로이 형성된 1,483m 높이의 헤이세이신잔平
成新山을 비롯한 10여 개 봉우리를 총칭하는 시마바라반도의 중앙부 산
지를 의미한다. 정상 남서쪽 해발 700m에 위치한 운젠온천은 1650년대
부터 온천이 개발되어 이용되었으며, 1900년대 들어 외국인, 특히 상하
이 조계租界의 외국인들이 찾는 유명 휴양지로 각광을 받았다. 현재 이
지역에 있는 온천장, 호텔 등은 이즈음 세워진 오래된 온천 시설부터 최
근에 들어선 것까지 다양하다. 1934년 일본 최초로 국립공원 3곳이 지정

운젠지옥

되었는데, 그중 하나가 이곳 운젠·아마쿠사 국립공원이다. 그 이듬해인 1935년에는 전국에 외국인들을 위한 관광호텔 15개가 개설되었는데, 그 중 하나가 바로 이곳에 세워진 운젠관광호텔이다.

운젠온천지구를 상징하는 경관 중 하나는 운젠지옥이라 불리는, 끊임 없이 뿜겨져 나오는 증기 지대이다. 1ha 정도의 구릉지 곳곳에서 고온의 증기가 뿜겨져 나오고, 그 증기 속 유황 냄새 때문에 마치 지옥을 연상케 한다. 도시 곳곳에 점점이 산재해 있는 벳푸의 지옥과는 달리 운젠지옥 은 비교적 넓은 지역에 펼쳐져 있고, 그 사이에 나 있는 산책로를 따라 걸 으면서 온천 지옥을 실감할 수 있다.

운젠다케는 벳푸에서 시마바라반도까지 규슈 중앙을 동서로 잇는 지

지지와 해변

구대의 서쪽 끝이며, 이 지구대를 따라 화산대가 펼쳐지고 아소 화산도 여기에 속한다. 나가사키에서 운젠다케로 가는 도중에 지지와 전망대千 々石展望台를 지나는데, 물론 이곳은 휴게소를 겸하고 있다. 여기서 동쪽으로 운젠다케가 멀리 펼쳐져 있고, 그 오른편에 있는 원형의 다치바나 만橘湾湾은 화산폭발로 만들어진 칼데라에 바닷물이 들어온 것으로 지하 마그마가 운젠화산과 운젠온천의 원동력이다. 다치바나만의 규모로 보아 어마어마한 규모의 대폭발과 지하 마그마의 양을 가늠할 수 있다. 전망대를 떠나 해안도로를 따라 가면 오바마초小浜町라는 마을 지나게 된다. 미국 44대 대통령 오바마와 발음이 같아 유명세를 치러야 했던 마을로, 운젠온천과 마찬가지로 오래된 온천마을이다. 이곳 온천수의 온도가

운젠관광호텔

105℃나 되고 이에 착안해 해안가를 따라 105m에 달하는 무료 족욕탕이 만들어져 있다. 이 마을 지나면 본격적으로 운젠온천으로 이어지는 급경사의 산악도로를 오르게 된다.

앞서 언급했듯이 운젠온천의 백미는 뜨거운 증기와 함께 유황 냄새가 물씬 나는 운젠지옥이다. 족욕탕, 대중욕탕, 호텔 등등 그 밖의 시설과 분위기는 일본 온천장에서 흔히 볼 수 있는 것과 대동소이하다. 하지만 내 눈을 잡아끌어 이제 운젠온천에 가면 꼭 들르는 곳이 한 군데 있는데, 그건 1935년에 건립된 운젠관광호텔 건물과 그 안의 고풍스럽고 고급스러운 시설들이다. 한번 꼭 자 보아야겠다는 마음을 먹었지만, 아직 실현하지 못했다. 향나무가 양쪽으로 늘어선 입구부터 스위스 별장풍의 건물이 눈에 들어오고, 점점 다가설수록 서양식 그리고 일본식 건축 양식이 결합된 화려하면서도 소박한 듯한 건물이 펼쳐진다. 규슈 대자연의 품에 안긴 건립 당시의 모습을 온전히 유지하면서 주변 환경과 절묘하게 조화

묘켄다케역에서 본 헤이세이신잔

를 이루는 완벽한 건물이라는 느낌을 지울 수 없다. 내부에 들어서면 화
려한 다이닝 룸과 바, 로비와 홀은 고풍스런 유럽의 여느 호텔과 비교해
도 조금도 뒤지지 않는 품격을 지니고 있다. 난 바에 앉아 커피 한 잔에
케익 한 조각 먹으면서 잠시나마 여행의 피로에서 벗어나곤 한다.

1990년 운젠다케의 최고봉이던 후겐다케普賢岳가 화산활동을 시작했
고 1991~1996년 9,432회의 화쇄류가 관측되었다. 화쇄류란 마그마가
분화하면서 생긴 쇄설물이 화산의 경사를 따라 마치 유체처럼 급속도로
흘러내리는 것을 말하는데, 당시 발생한 화쇄류로 1991년에 43명, 1993
년에 1명이 사망하였다. 그 사이 후겐다케 정상에는 용암 돔이 성장하기
시작해 주봉의 고도를 넘어서는 새로운 봉우리가 만들어졌고, 1996년 이
새로운 봉우리를 헤이세이신잔平成新山으로 명명하였다. 1989년 즉위한

아키히토 천황의 연호 헤이세이平成로 새롭게 형성된 산의 이름을 지었다. 운젠다케와 시마바라반도의 전경을 보기 위해서는 니토다케 전망대 仁田峠展望台로 가거나 조금 더 올라가 운젠 로프웨이를 이용하면 된다. 특히 운젠 로프웨이를 타고 묘켄다케역妙見岳駅에 내리면 새로이 형성된 헤이세이신잔의 모습을 눈앞에서 바라볼 수 있다.

경치 구경, 불 구경, 싸움 구경은 멀리서 해야 한다는 말이 있듯이, 운젠다케의 화산활동과 그 결과를 한눈에 보려면, 동쪽 해안가로 내려와 토석류재해가옥 보존공원土石流災害家屋 保存公園으로 갈 것을 권한다. 여기서 토석류란 비가 와서 불안정해진 모래와 자갈의 퇴적층이 사면을 따라 흘러내리는 산사태를 말하는데, 이 지역의 토석류는 강수로 불안정해

토석류재해가옥 보존공원

진 화쇄류 퇴적층이 흘러내린 것이다. 이곳 보존공원에는 토석류로 매몰된 총 11채의 집이 보존되어 있는데, 그중 3채만 텐트 구조물 아래 있고 나머지는 그냥 야외에 전시되어 있었다. 최근 들어 야외에 있던 2채가 붕락의 위험이 있어 해체되면서 현재는 9채만 남아 있다. 토석류 퇴적층의 두께가 무려 3m에 달해 매몰된 집들은 대부분 지붕만 남겨놓고 있어, 재해의 위험과 방재의 중요성을 알리는 역할을 톡톡히 하고 있다.

여기서 서쪽 운젠다케를 바라보면 멀리 헤이세이신잔과 그 아래 산사면이 파노라마처럼 펼쳐져 있으며, 산 경사를 따라 화쇄류와 토석류가 어떻게 흘러내렸는지, 그 당시 긴박감과 위기를 여실히 보여 준다. 지금은 향후 화쇄류와 토석류의 흐름을 차단하기 위해 사면과 계곡 곳곳에 콘크리트 구조물이 세워져 있는 모습을 확인할 수 있다. 인근에 있는 운젠다케 재해기념관雲仙岳災害記念館은 1990년대 후겐다케에서 무슨 일이 있었는지를 알리는 체험형 박물관이다. 직경 14m의 돔형 스크린에서 화산 분화를 간접 체험할 수 있으며, 시속 100km 속도로 흘러내리는 화쇄류의 스피드도 체험할 수 있다. 전망대에서는 헤이세이신잔과 과거 1792년 화산활동으로 붕괴된 비잔眉山(시마바라시 배후에 있는 290m 높이의 산)도 조망할 수 있다.

11
시마바라

시마바라는 일본 역사에서 한 획을 그은 시마바라·아마쿠사 난島原天草の乱의 현장으로 유명하다. 현재는 한적한 어촌도시에 불과한데, 그 현장인 시마바라성의 성채, 성벽, 그리고 해자는 지금의 도시 규모에 비해 과도하리만치 규모가 크다. 이 성은 1618년부터 7년 동안 축성되었다가 1876년에 해체되었으며, 1964년에 다시 복원되었다. 이 반란은 가톨릭과 관련된 종교 반란으로 알려져 있고, 당시 막부가 이 반란을 그렇게 규정하면서 참여한 모두를 참살하였다. 하지만 이 지역은 원래 가톨릭 영주인 아리마 하루노부有馬晴信와 고니시 유키나가小西行長의 영지였으나, 도쿠가와 막부가 들어서면서 다른 번에 귀속되거나 번주가 바뀐 곳이다. 낭인 신세로 전락한 이전 가신들과 농민들은 새로이 등장한 번주의 지나친 과세와 영지 몰수에 반발하면서 1637년 반란을 일으켰다.

반란 초기 막부 토벌군은 수세에 몰려 시마바라성에서 농성했지만 함

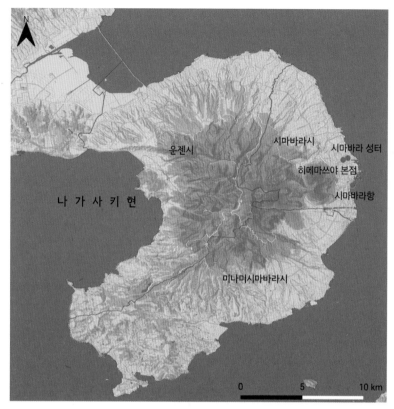

시마바라시 지도

락당하지는 않았다. 이 과정에서 아마쿠사의 반란군이 시마바라로 건너
와 시마바라 반란군에 합세하면서 반란군의 세는 확대되었다. 당시 반란
군의 수는 3만 7천여 명에 달했다고 한다. 하지만 규슈 여러 번으로부터
파견된 토벌군의 수가 점점 늘어 무려 13만 명에 이르렀고, 이번에는 오
히려 반란군이 인근 하라原성에 갇혀 농성하기 시작했다. 반란군은 초기
토벌군의 몇 차례 공세를 잘 막아냈지만 결국 함락되었고, 토벌군과 내
통한 1명을 제외하고는 모두가 전투에서 죽거나 체포된 후 참수되었다.

물론 토벌군의 전사자 역시 1만 명이 넘었다고 하니, 막말의 보신전쟁戊辰戰爭(1868~1869년 사이 구막부군과 신정부군 사이에 벌어진 내전)을 포함하더라도 도쿠가와 막부 최대의 내란으로 평가될 수 있다. 아마쿠사 반란군의 지도자였다가 나중에 이 반란의 총지도자가 된 아마쿠사 시로天草四郎는 당시 16세로, 고니시 유키나가 휘하의 장수로 세키가하라 전투에서 전사한 마스다 요시쓰구益田好次의 아들로 알려져 있다.

이 시기 포르투갈 상인들은 나가사키에 새로이 건설된 인공섬 데지마에서 집단 수용을 당하는 견제를 받고 있던 시기인 동시에 새로운 교역 상대로서 네덜란드가 부각되던 시기였다. 네덜란드는 포르투갈과는 달리 포교에는 덜 관심을 갖고 무역에 진심이었기에 막부의 여러 가지 무

시마바라성

리한 요구에도 완전히 순종적이었다. 그 한 가지 예로 시마바라·아마쿠사 난 당시 네덜란드는 막부의 요청에 따라 반란군이 농성하고 있던 시마바라로 군함을 파견해 성을 향해 대포를 발포하기도 했다. 따라서 가톨릭과 반란군 그리고 프로테스탄트와 토벌군 사이의 종교전쟁으로 보는 시각도 있는데, 여기에는 당시 막부의 잔혹한 학살을 종교전쟁으로 분석하려는 의도도 내포되어 있다. 하지만 이 반란은 기본적으로 막부 초기 체제에 대해 반기를 든 것이며 이에 대한 일벌백계의 성격이 강하다고 보는 것이 타당할 것인데, 이 같은 배경 때문에 반란군에 참전한 가톨릭들은 아직까지 순교자로 인정받지 못하고 있다. 이 시대 선교자의 배교를 주제로 한 엔도 슈샤쿠의 소설 『침묵』은 우리나라에도 번역되었고, 마틴 스콜세이지 감독의 『사일런스』로 영화화된 바 있다.

이 사건을 계기로 가톨릭에 대한 막부의 거부감은 절정에 달했고, 반란이 완전히 진압된 다음 해인 1639년에 포르투갈 선박의 일본 입항을 완전히 금지하는 극단적인 조치가 내려졌다. 한편 막부는 폐성 상태에 있던 하라성이 반란군의 농성에 이용되었다는 점을 인식하고는, 이 반란을 계기로 1번에 1개의 성만 허락하는 일국일성령一国一城令을 반포하였다. 현재 시마바라는 운젠다케 동편 해안에 있는 아주 작은 해안가 마을로, 언제 이 같은 일이 있었냐는 듯이 평온하다. 하지만 수만 명이 죽어 나간 반란 이후인 1663~1664년에 시마바라의 배후 운전다케가 폭발하였고, 1792년에는 '시마바라 대변'이라 일컫는 대규모 화산폭발과 해일로 무려 15,000명 이상이 사망하는 대참사가 일어났다. 이는 일본의 최대 자연재해 사례 중 하나로, 아리아케해有名海를 건너 맞은편 구마모토에도 쓰나

아리아케해의 간석지

히메마쓰야의 구조니

미의 피해가 엄청났다고 한다. 그 이후 200년가량 지난 1991년에도 화산
폭발이 일어나 화쇄류와 토석류에 의해 큰 피해가 발생하였다.

나는 언제나 점심을 시마바라성 앞에서 먹고는 곧장 페리를 타러 여객
부두로 향한다. 성 앞 식당 히메마쓰야 본점姬松屋 本店에서 시마바라의
전통음식인 구조니具雑煮를 맛볼 수 있는데, 가다랑어와 다시마 육수에

찹쌀떡, 어묵, 붕장어, 우엉, 계란, 표고, 연근, 쑥갓, 닭고기, 두부 등을 넣고 끓인 음식이다. 이 음식은 일본인이 신정 아침에 명절 음식으로 먹는 조니雜煮와 비슷한데, 쌀떡 대신 찹쌀떡을 쓴다는 점에서 우리 떡국과 다를 뿐이다. 이제 시마바라항을 떠난 페리는 40분가량이면 일본에서 가장 넓은 간석지를 가진 아리아케해를 가로질러 구마모토 외항에 도착하게 된다.

12
구마모토

구마모토는 후쿠오카와 가고시마를 남북으로 연결하는 규슈 신칸센의 중간 도시이며, 사통팔달 교통망이 펼쳐져 있는 규슈의 중심도시이다. 구마모토의 인구는 73만(2023년 기준)으로, 후쿠오카, 기타큐슈 다음으로 규슈에서는 3번째 큰 도시이다. 구마모토현의 현청이 있는 도시이고, 신칸센이 정차하며, 현대적 고층 건물이 있는 도심과 세계 최대의 칼데라인 아소阿蘇가 인근에 있는 매력적인 도시이다. 최근 대만의 TSMC 반도체 공장이 이곳에 건설되면서 다시금 주목받고 있다.

구마모토에 대한 상상이나 기억은 각자 다르겠지만, 나의 경우 2016년 구마모토 지진을 겪었던 경험, 그보다 이전 일이지만 80대 노부부가 운영하던 정말 허름한 이자카야의 추억이 있다. 물론 구마모토 여행 예정자가 조언을 구하면 일본 3대 성의 하나인 구마모토성과 말고기회 마사시馬刺し가 우선 떠오르고, 스이젠지 공원水前寺公園 정도가 기억날 뿐이

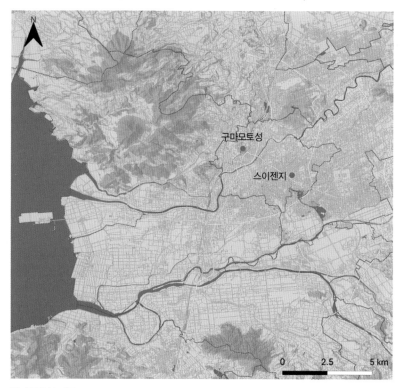

구마모토시 지도

다. 스이젠지 공원, 당연히 아름답다. 하지만 내가 태어난 오카야마岡山의 고라쿠엔後樂園을 비롯해 가고시마의 센간엔仙巖園, 다카마쓰의 리쓰린 고엔栗林公園처럼 영주의 거처였던 도시에는 이 정도 규모와 아름다움을 지닌 영주의 정원이 어디에나 있으며, 대개 그 도시의 상징적 경관 중의 하나이다.

구마모토역에서 북쪽으로 3km가량 가면 오사카성, 나고야성(혹은 히메지성)과 함께 일본 3대 성의 하나인 구마모토성이 있다. 구마모토성은 임진왜란 시 왜군의 선봉장 중 하나였던 가토 기요마사加藤淸正(1562~

스이젠지 공원

1611)가 축성한 성으로 유명하기에, 우리에게도 친숙한 성이다. 따라서 구마모토성에 가면 일본인 관광객뿐만 아니라 우리를 비롯한 외국인 관광객을 언제든 볼 수 있을 정도로 구마모토 관광의 1번지에 해당한다. 가토 기요마사는 정유재란 당시 울산 왜성을 축성하였고 명과 조선의 집요한 공격에도 함락당하지 않았다. 정유재란 당시 울산 왜성을 축성한 경험을 바탕으로, 더 나아가 조선의 축성 기술을 배워 이곳 구마모토성을 만들었다고 보통 우리 관광 가이드가 설명한다.

하지만 가토 기요마사는 전국시대를 거치며 히젠나고야성肥前名護屋城, 에도성江戶城, 나고야성名古屋城 등 여러 축성에 관여한 축성의 대가였다. 이뿐만 아니라 치수사업, 간척사업 등 각종 토목공사에도 적극 개입하였다. 그는 당시 엄청난 인력을 조달하기 위해 남녀를 구분하지 않고 동원하였지만, 급료를 지불하면서 필요 이상의 노역을 과하지 않았고, 농번기를 피해 노역에 조달하면서 농업에 피해를 주지 않으려 노력했다고 한다. 이는 거한에 무자비한 침략자로 인식되고 있는 우리의 이미지와는 약간 배치되기도 한다.

가토 기요마사는 11세의 어린 나이에 도요토미 히데요시의 종자로 인연을 맺었고, 1586년 히데요시의 규슈 정벌에 참여한 공으로 1588년 히고기타한쿠니肥後北半国 19만 5천 석의 영주가 되면서 이곳 구마모토성隈本城으로 들어와 일부 개수하고는 같은 발음의 구마모토성熊本城으로 명명하였다. 히고미나미한쿠니肥後南半国는 그의 경쟁자였던 고니시 유키나가小西行長가 차지하였다. 우리가 알듯이 이 둘은 경쟁자로 함께 임진·정유 양난에 참여하였고, 세키가하라 전투에서 가토는 동군에, 고니시는 서군에 가담하면서 각자의 인생은 바뀌고 말았다. 가토는 자신의 주군인 히데요시의 반대편, 즉 승자인 도쿠가와 이에야스의 편에 섰고, 고니시는 히데요시에 늘 반감을 가지고 있었으나 히데요시 측에서 마지막까지 싸웠다는 역사의 대반전을 보여 주었다.

1600년에 천수각을 완공하였고 같은 해 세키가하라 전투 후 승자 편에 선 가토 기요마사는 히고의 남북반국 모두를 하사받아 히고쿠니肥後国 52만 석의 영주가 되었다. 현재의 구마모토성이 완공된 것은 1606년의 일이다. 가토 기요마사가 사망한 후 3남 다다히로忠広가 뒤를 이었으나, 1632년 후젠고쿠라번豊前小倉藩 2대 번주였던 호소가와 다다토시細川忠利가 이곳으로 전봉되어 와서는 막말까지 호소가와씨細川氏가 히고쿠니의 번주를 이어왔다.

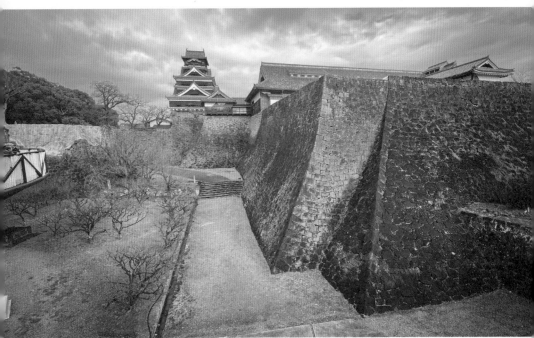

↑ 구마모토성의 무샤가에시

↓ 구마모토성 천수각

이후 다시 세상의 이목이 구마모토성에 집중되는 때가 있었으니, 그건 1877년 세이난 전쟁西南戦争 당시 사이고 다카모리西郷隆盛의 반란군(14,000여 명)의 공격을 맞아 구마모토성에서 농성하던 단지 4,000명의 진대 수비대가 이를 막아냈기 때문이다. 도쿠가와 막부를 무너뜨린 메이지 신정부는 1871년 징병제를 실시하고 근대식 육군을 운영하면서, 전국을 6개 군관으로 나누고 진대鎮台(진다이)라는 상설 단위부대를 설치하였다. 규슈에는 구마모토 진대가 설치되었는데, 구마모토에 13연대가 고쿠라에 14연대가 배치되었다. 1888년 진대가 사단으로 개편되면서 구마모토 진대는 제6사단으로 개편되었고, 고쿠라와 구마모토 각각에 11여단과 12여단이 배치되면서 진대 제도는 폐지되었다.

사실 사이고의 반란군이 구마모토성을 그냥 지나치고 진군했다면 전황이 어떻게 달라졌을지 가늠할 수 없다. 하지만 구마모토성 안의 정규군을 가볍게 본 탓에 이를 단숨에 함락시켜 자신들의 위세를 과시하고자 했던 반란군은, 무모하리만치 집요하게 공성전을 벌였지만 완강한 저항에 함락시키지 못했다. 그 사이 정부에서 파견한 진압군이 도착하면서 사이고군은 괴멸되고 말았다. 사이고는 이 싸움에서 지고는 "내가 관군에 진 것이 아니라 기요마사공淸正公에게 졌다"라고 한탄했다고 한다. 사실 구마모토성의 성벽은 무샤가에시武者反し라 불리는 구조를 가졌는데, 성벽의 경사가 위로 갈수록 점점 급해져 사람은 말할 것도 없고 생쥐마저 오를 수 없을 정도이다. 이는 가토 기요마사가 이 성의 축조에 얼마나 심혈을 기울였는지를 보여 주는 사례라 할 수 있다.

이후 구마모토성은 제6사단 사령부가 주둔함으로써 상당 부분 파괴되었고 그 이후에도 미군이 주둔하고 대학과 고등학교가 들어서면서 파괴되었다. 1960년대 후반부터 복원공사가 시작되어 2007년 축성 400년을 맞아 많은 건축물과 성벽이 복원되었다. 하지만 2016년 4월 16일 대지진으로 인해 천수각을 비롯해 성벽이 큰 피해를 입었다. 2021년 천수각의 복원공사는 완료되었지만, 당초 계획이 15년 지연되면서 완전 복구는 2052년이나 되어야 이루어질 것이라 발표되었다. 2024년 현재 구마모토성은 남문을 통해 정해진 통로로만 관람이 가능하다. 아직도 성 곳곳에 지진으로 파괴된 흔적이 남아 있는데, 장기적인 복원 계획하에 이루어지는 일본의 정밀한 문화재 복원 과정의 결과가 자못 기대된다.

나는 구마모토에 여러 차례 왔고, 숙박하기도 했다. 2016에년 호텔 건물이 꺾여 버릴 듯한 대지진을 경험하기도 했다. 또한 허리가 굽어 도저히 펼 수 없을 정도의 노부부가 운영하던 이자카야에서의 경험이 나를 식당 창업으로 이끌었는지 모르겠지만, 구마모토성과 스이젠지 공원을 제외하고는 특별히 가 본 곳이 없다. 나에게 구마모토는 아소 화산을 보기 위해 거쳐 가는 경유지에 불과했다. 이제 세계 최대의 칼데라가 있는 아소로 가자.

나는 규슈 여행에서 JR패스를 이용한 경우가 많았기에 규슈철도 대부분을 타 보았다. 그중에서 최고의 노선 하나를 꼽자면 나는 서슴없이 구마모토에서 아소를 지나 벳푸로 가는 규슈횡단특급을 권하고 싶다. 2016년 구마모토 지진으로 잠시 폐쇄되었지만, 2020년부터 재개통되어 3시간 30분이면 주파할 수 있다. 물론 중간에 아소역에서도 내릴 수 있다. 특히 겨울철 눈 덮인 아소 인근을 지날 때의 절경은 잊을 수 없다.

13
다카치호

    다카치호高千穂는 다카치호 협곡高千穂峽으로 대표되는 관광도시이다. 다카치호는 보통의 여행 경로에서 약간 벗어나 있어 특별한 계획이 아니면 단체관광객은 물론 개인적으로도 가기 힘든 곳이다. 특히나 처음 가는 2박 3일, 3박 4일 여정의 규슈 단체관광이라면 다카치호가 포함될 수 없다. 내가 처음 이곳을 찾은 것은 지금부터 15년 전쯤이며, 벳푸에서 규슈 동쪽 해안을 따라 달리는 닛포본선日豊本線(규슈 북단 고쿠라역에서 남단 가고시마역까지) 기차를 타고 나베오카延岡에 내린 후 버스를 타고 다카치호까지 간 적이 있다. 아침 일찍 서둘렀지만 점심쯤 되어서 도착했고, 숙소인 벳푸로 다시 와야 했기에 서너 시간 머물다 급히 돌아왔던 기억이 있다. 물론 그 후 예닐곱 번도 더 찾았는데 모두 렌터카로 접근했고, 가능하다면 1박을 하면서 다카치호 협곡의 절경을 만끽하였다.

    다카치호까지 기차가 다닌 적이 있었지만, 지진으로 선로가 폐쇄되면

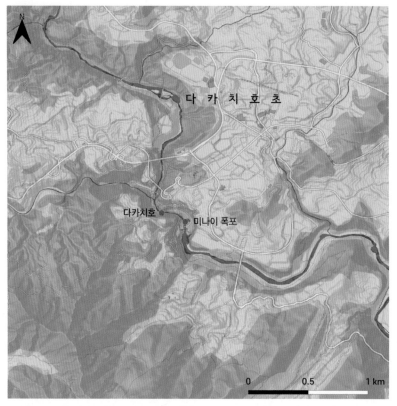

다카치호초 지도

서 지금은 버스나 자동차로 접근할 수밖에 없는 곳이다. 구마모토에서 자동차로 가려면 당연히 아소 칼데라 남쪽 외벽 너머의 국도 218번을 이용해야 한다. 따라서 다카치호와 아소 모두를 볼 예정이라면, 다카치호에 먼저 갔다가 1박을 한 후 아소로 넘어오는 쪽이 좋을 것 같다. 아소에서 다카치호로 간다면, 다카치호 남쪽으로는 별다른 여행 포인트가 없기에 다시 왔던 길을 되돌아와야만 한다. 가능하다면 여행에서 갔던 길을 되돌아오는 건 피해야 한다. 비용도 시간도 손해니까.

다카치호 협곡은 일본의 건국 신화와도 관련되어 특별한 곳이다. 하지만 거대한 주상절리로 된 협곡과 폭포 그리고 낮에도 어둑할 정도의 깊은 계곡에서 느끼는 스산함과 장엄함, 그 앞에서 한없이 작아지는 자신을 느끼게 되는, 일본에서도 찾기 힘든 독특한 계곡미를 지닌 절경지 중의 하나이다. 다카치호를 보지 않고는 규슈를 말해서는 안 된다고 할 정도로, 규슈 최고 절경으로 꼽는 곳이다. 따라서 지금까지 내가 인솔한 여행에서 다카치호를 빠뜨린 적이 없다. 렌터카를 어딘가에 주차하고 계곡 여행을 하려면 돌아올 염려를 꼭 해야 한다. 만약 일행 중 하나가 운전을 한다면 계곡 출발지에 일행을 내려준 후 계곡 도착지에 주차하고는 일행과는 반대 방향으로 계곡 구경을 해야 한다. 물론 중간에 만나겠지만.

다카치호 협곡의 길이는 총 7km에 달하지만, 핵심은 아라라기노차야 あららぎ乃茶屋를 비롯해 식당들이 모여 있는 계곡 상류 주차장에서 보트 대여소가 있는 계곡 하류 주차장까지 대략 1km 남짓 되는 구간이다. 상류 주차장에서 한번 계곡 바닥으로 내려갔다가 구경한 후 다시 올라오기가 만만치 않으니 누군가는 하류 주차장으로 차를 몰고 가는 수고를 해야 한다.

이 계곡의 지형 구조를 결정짓는 주요 요인은 이곳에서 30~40km 떨어져 있는 아소 화산에서 뿜어져 나온 대규모의 화쇄류 퇴적층과 고카세 강五ヶ瀬川의 침식작용이다. 약 27만 년 전에 시작된 아소 화산의 대규모 분화는 모두 4차례에 걸쳐 이루어졌는데, 그 시기는 대략 ASO-1(25.5~27만 년 전), ASO-2(약 15만 년 전), ASO-3(11.5~13만 년 전), ASO-4(8.5~8.9만 년 전)이다. 최후의 ASO-4 분화는 4번 중에서 최대였고 지

⬆ 다카치호 용결응회암
⬇ 다카치호 협곡

금 보고 있는 아소 칼데라는 대부분 이 시기에 만들어진 것으로 밝혀졌다. 따라서 ASO-4 화쇄류 퇴적물 역시 가장 멀리까지(150km) 흘러갔던 화쇄류인데, 이곳 다카치호 협곡에는 ASO-3과 ASO-4 분화 시 흘러온 화쇄류가 쌓여 있다.

이미 존재하고 있던 과거 고카세강 계곡에 대규모 화쇄류가 흘러들면서 집중적으로 퇴적이 이루어지는 과정에서 압축과 고온으로 유리질 화산회가 변형, 재용융, 결착되어 용결응회암溶結凝灰岩: welded tuff이 만들어졌다. 이때 급속히 냉각한 결과 다카치호 경관의 상징인 대규모의 주상절리가 발달하게 된 것이다. 퇴적물이 가장 두꺼운 중심부는 용결의 결과 침강이 일어나기 때문에, 그 이후 유수가 다시 이곳을 흐르면서 단단한 용결부임에도 불구하고 주상절리를 따라 암괴들이 떨어져 나가면서 현재와 같은 깊은 협곡이 만들어졌다.

수직에 가까운 계곡 벽은 그 높이가 80~100m가량 되며 계곡 바닥의 폭은 가장 넓은 곳이라 해도 200m를 넘지 않는다. 따라서 상류 주차장에서 계곡 바닥까지 100m를 내려가야 하는데, 계곡 곳곳에는 거대한 웅덩이가 파여 있다. 이는 지형학적 용어로 포트홀pothole이라 하는데, 계곡 바닥 위를 흐르는 물의 와류에 의해 와지 속의 모래와 자갈이 회전운동을 하면서 원통형의 와지가 만들어지는 것을 말한다. 포트홀이 커지면 작은 모래와 자갈은 빠져나가고, 그 크기에 맞는 큰 자갈이 다시 들어가면서 포트홀의 크기와 깊이는 점점 더 커진다. 요즘 도로 위 웅덩이도 포트홀이라는 같은 용어를 사용하는데, 이 경우 지하수의 이동이나 상수도 파열에 따른 지반 침하가 그 원인인 경우가 대부분이다.

다카치호 미나이 폭포

다카치호 협곡의 백미는 일본 폭포 100선 중의 하나인 17m 높이의 미나이 폭포(미나이노타키)真名井の滝가 협곡 아래로 떨어지는 광경이다. 우리나라에서 볼 수 없는 지름 1m가 넘고 녹색 이끼가 잔뜩 끼어 있는 주상절리 협곡 사이로 폭포가 떨어지고, 그 곁을 작은 보트가 지나고 있는 환상의 풍경을 자아낸다. 경치 구경 '1'도 관심 없고 일본 여행 내내 핸드폰으로 국내 주가를 보고 있던 내 친구도 이곳에 와서는 잠시 핸드폰을 내려놓고 감탄했을 정도였다. 물론 이곳도 좋다. 하지만 상류 주차장에서 계곡 바닥으로 내려와 100m가량 더 하류쪽으로 내려오면 계곡 바닥 전체가 한눈에 내려다보이는 지점에 도착한다. 난 그곳이 가장 좋다. 앞에서 말한 "스산함과 장엄함 앞에 한없이 작아지는 자신을 주체하기 힘든", 바로 그곳이다. 그런데 아쉽게도 2023년 폭우로 인해 절벽이 붕괴되면서 상류 주차장에서 '그곳'을 지나 하류 주차장까지 이어지는 계곡을 오롯이 지날 수 없게 되었다. 다시 그 곁을 지날 수 있기를 기대해 본다.

14
아소

세계적 규모의 칼데라인 아소阿蘇는 남북 길이 25km, 동서 길이 18km로, 그 지름만으로는 홋카이도에 있는 굿샤로屈斜路 칼데라에 이어 두 번째이며, 세 번째는 가고시마만 북쪽의 아이라始良 칼데라이다. 굿샤로 칼데라는 호수 상태이고 아이라 칼데라는 바닷물이 들어와 있지만, 아소 칼데라는 배수되어 그 구조를 온전히 볼 수 있다. 행정적으로 아소 칼데라 북쪽은 아소시阿蘇市, 남쪽은 아소군阿蘇郡 미나미아소무라南阿蘇村와 다카모리마치高森町에 속한다.

아소는 규슈 여행의 핵심으로 많은 이가 찾고 있고, 우리 단체관광의 필수 코스이기도 하다. 25년 전 내가 이곳을 처음 찾았을 때 화산 분화로 아소 나카다케中岳의 분화구 접근이 금지되었고, 안개도 잔뜩 끼어 어디가 어딘지 분간도 못한 채 아소 여행을 마친 적이 있다. 그 이후 여러 차례 다녀갔지만 모두 일행이 있어 내 식의 아소 여행을 하지 못했다. 여기

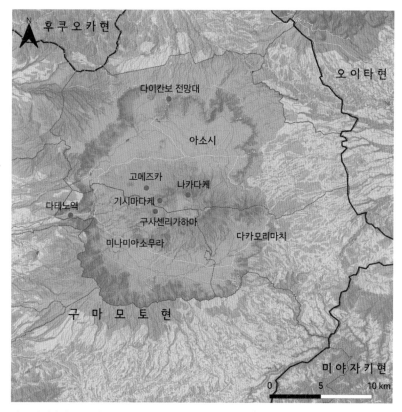

아소 칼데라와 주변 지역

서 내 식이란 아소의 전체 구조를 파악할 수 있는 조망점을 찾아내는 일
이다. 그리고 기회가 생긴다면 아소가 어떤 곳인지 동반자들에게 이야기
를 해 줄 만한 지점이다.

2009년의 일이다. 이 책의 공동저자인 신라대 호텔관광경영학부 김성
환 교수와 나는 어느 회의 참석차 고속도로를 달리다 경부고속도로 영
동터널 부근에서 사고를 당해 황천길로 갈 뻔했다. 코란도를 폐차할 정
도의 엄청난 충격이었는데, 그와 나는 찰과상을 제외하고 별다른 외상은

기시마다케에서 본 구사센리

없었다. 속으로는 엄청 골병이 들어 사고 직후 1년간 직장으로부터 안식년을 얻었다. 퇴원 후에도 통증은 계속되어 집에서 끙끙대는 모습을 가족에게 보여 주기 싫어 한 달 동안 제주 살기에 나섰고, 이후 일본 여행을 떠났다. 3주 일정으로 떠났는데, 규슈에 도착하자마자 가고시마로 갔다. 거기서 쾌속선으로 2시간 걸리는 야쿠시마屋久島(나중에 이야기할 기회가 있을 것인데, 일본 최초의 세계자연유산으로 지정된 섬)로 가서 닷새를 보내고, 돌아와서는 곧장 아소로 갔다.

어디서 바라보아야 세계에서 가장 큰 칼데라의 하나인 아소를 나뿐만 아니라 일반인도 이해할 수 있을까? 그게 나에겐 당시 여행의 숙제였다. 아소 북쪽 외륜산의 최고봉인 다이칸보大観峰에 가면, 이름 그대로 아소 전체를 조망할 수 있는 유명한 조망점이 있다. 다이칸보 이외에도 외륜

산을 따라 아소를 조망할 수 있는 곳은 많다. 하지만 외륜산이 아닌 중앙
화구구에 있으면서 나카다케 분화구도 볼 수 있고, 가능하면 외륜산도
조망하면서 칼데라가 얼마나 큰 규모인지 인지할 수 있으며, 게다가 외
륜산 한쪽 벽이 터져 아소 칼데라의 물이 배수되는 지점도 볼 수 있는 곳
이 나에겐 필요했다. 중앙화구구에는 나카다케를 포함해 모두 5개의 봉
우리(아소 5악阿蘇五岳)가 있는데, 화산박물관이 있는 구사센리草千里를
사이에 두고 서로 마주 보고 있는 에보시다케烏帽子岳(1,337m)와 기시마
다케杵島岳(1,321m)가 그나마 내 조건을 만족시켜 줄 것으로 판단했다.

　아소 5악은 지형학적 용어로 중앙화구구中央火口丘에 해당된다. 중앙
화구구는 화산폭발로 마그마로 채워졌던 지하 공간이 붕락하면서 칼데
라가 만들어지고, 이후 마그마가 올라오던 지점에 계속된 소규모 분출이

기시마다케에서 본 나카다케

이루어지면서 산지가 만들어진 것을 말한다. 물로 채워져 있는 칼데라의
경우 중앙화구구는 섬처럼 떠 있는 경우도 있다. 단체 관광객은 주로 중
앙화구구로 올라와서는 구사센리에 있는 식당가에서 점심을 먹고 간혹
물로 채워져 있는 길이 1km 정도의 널따란 구사센리가하마草千里ヶ浜 초
원에서 말들이 노니는 것을 본다. 어떤 가이드는 이곳이 아소 칼데라라
고 소개하기도 하지만, 이곳은 에보시다케와 기시마다케상의 외지에 불
과하다. 접근이 허락된다면 분연이 피어오르는 나카다케로 가서 로프웨
이를 올라 분화구를 보고 아소 관광을 끝낸다.

　물론 모두가 칼데라의 구조를 알아야 하는 건 아니다. 하지만 적절한
조망점만 찾는다면, 우리나라에서는 볼 수 없는 거대지형을 볼 기회를

기시마다케에서 본 고메즈카

맞을 수 있을 것이라는 기대에 무작정 두 봉우리로 올랐다. 우선 구사센리가하마를 가로질러 에보시다케로 올랐다. 멀리서 누군가가 '나오세요' 하는 소리가 연신 들릴 것 같았지만, 아무도 방해하지 않았다. 그러는 사이에 '참, 여기 일본이지. 들어가지 말라는 표지가 없는 한 어디든 자기 책임하에 들어가면 되는 나라'라는 사실이 머리를 스쳤다. 화산회토로 된 연약 지반의 등산길 곳곳이 파여 있어, 정말 힘겹게 올랐다. 하지만 구사센리의 고도가 1,157m이니 200m 정도를 오른 셋에 불과했다. 올라 보니 정면의 기시마다케뿐만 아니라 5악 중 나머지 모두가 시야를 막고 있어 내가 원하는 조건을 만족시켜 주지 못했다.

하산 후 구사센리 식당에 들어가 점심을 먹고 이번엔 식당가 바로 뒤편

기시마다케에서 본 다테노와 구마모토

에 있는 기시마다케로 갔다. 이쯤이겠거니 하고 예상되는 방향으로 나아

가니 등산로가 있었고, 정상까지 줄곧 계단으로 이어졌다. 물론 어디에

도 들어가지 말라는 표지는 없었다. 바로 이곳이었다. 분연이 피어오르

는 나카다케도 보이고 구사센리 맞은편 에보시다케를 비롯해 나머지 아

소 5악도 다 보이고, 아소 외륜산도 절반 이상 보이며, 내가 원했던 배수

구도 뚜렷이 보였다. 칼데라 바닥에 있는 아소시뿐만 아니라 도로와 철

도, 농경지와 작은 마을까지 하나하나 확인할 수 있을 정도였다.

　이뿐만 아니라 눈 아래로 고메즈카米塚라는 높이 100m 정도의 분석구

까지 깨끗하게 볼 수 있었다. 분석구란 제주도에서 흔히 볼 수 있는 작은

화산체(오름)로, 압력을 받던 마그마가 뿜어져 나오면서 마그마 방울방울 하나하나가 팽창해서 알갱이가 되고 그 알갱이가 화구 주변에 쌓이면서 소규모 화산체가 만들어진 것이다. 분석구에는 당연히 정상에 오목한 화구가 있고, 마그마의 양과 폭발력에 따라 형태가 결정되는데, 형성 당시 바람이 일정하게 분다면 비대칭적인 형태를 갖게 된다. 이 알갱이를 제주에서는 '송이'라 히고, 학술명은 '스코리아'라 한다. 따라서 분식구는 '스코리아 콘'이 된다. 앞서 언급했듯이 아소 화산은 지금부터 27만 년 전부터 4차례에 걸쳐 분화하였고, 그때마다 칼데라가 만들어졌기에 현재의 커다란 칼데라는 각 시기마다 만들어진 칼데라가 합성된 것이다. 하지만 최후의 ASO-4 분화가 4번 중에서 최대 규모였기 때문에 지금 보고 있는 칼데라의 대부분이 이때 만들어진 것이다.

칼데라 바닥을 덮고 있는 퇴적층 아래 기반암은 현재 지표보다 800m 이상 깊은 것으로 밝혀져 있다. 도대체 얼마만 한 양의 마그마가 화산회, 화쇄류, 용암류로 분출했을까를 대략 계산해 본 적이 있는데, 마그마 양은 대략 현재 소양강댐 만수위 때의 물의 부피 정도였던 것으로 기억난다. 그리고 이때 분화한 화쇄류는 주변 150km까지 흘러내렸고, 화산회는 일본 전역에 떨어져 쌓였다고 한다. 시간이 나면 구사센리에 있는 아소화산박물관을 찾아보자. 아소 화산의 생성 과정과 화산학에 대한 많은 이야기를 각종 시청각 미디어를 통해 얻을 수 있다. 특히 아이들을 동반한 가족이라면 황량한 화산 경관보다는 이곳을 더 좋아할 수 있다. 난 그곳에 가면 플라스틱으로 만든 아소 화산 모형도를 꼭 사 온다. 아소 화산을 이해하는 데 이보다 더 좋은 교재는 없기 때문이다.

구마모토역에서 아소역까지 가자면 호히 본선豊肥本線을 타고 가야 하는데, 우리는 아소 칼데라 진입구에 있는 다테노역立野驛에서 특별한 경험을 하게 된다. 우리나라에도 한때 있었던 스위치백식 철도가 바로 그것인데, 후진과 전진을 반복하면서 급경사를 극복하게 된다. 이렇게 칼데라 바닥에 오른 기차는 아소 칼데라 바닥 북쪽으로 나아가 아소시를 지나고 동쪽으로 벳푸를 향해 나아간다. 한편 다테노역에서 미나미아소선南阿蘇線으로 갈아타면 아소 칼데라 바닥 남쪽의 다카모리高森까지 갈 수 있다. 1량짜리 기차인 '완만렛샤ワンマ列ン車: one-man train'를 타고 느릿느릿 아소 칼데라 절경을 맛볼 수 있는 또 다른 경험을 할 수 있다.

이 역시 2016년 구마모토 지진으로 일부 폐쇄되었다가, 2023년 완전 개통되었다.

아소는 하루 이틀로 모든 걸 볼 수 있는 곳이 아니다. 트레킹도 할 수 있고, 기차여행도 가능하고, 칼데라 외륜산 가장자리를 따라 드라이빙도 즐길 수 있다. 이처럼 아소의 다양한 얼굴은 자신만의 계획에 따라 다양한 경험을 가능케 하니, 다양한 자료를 활용하여 알찬 여행을 즐기시기 바란다.

15
하라지리 폭포

아소 구경을 마치면 일정이 빡빡하기 때문에 북쪽으로 향해 후쿠오카로 귀환하는 경우가 대부분이다. 아소 북쪽 외륜산을 넘으면 우리의 상상을 완벽하게 뛰어넘는 장대한 규모의 세노모토 고원瀬の本高原을 지난다. 이곳은 아소 북쪽 외륜산과 구쥬렌잔九重連山 사이에 위치한 고원으로, 높이는 850~900m에 달한다. 그리고 이 고원을 가로질러 어마어마한 드라이브코스가 관통하고 있는데, 이 길은 아소에서 벳푸에 이르는 바이크족들의 성지인 야마나미하이웨이やまなみハイウェイの 일부 구간이다. 어쩌면 통일 후 개마고원에서나 볼 수 있는 광경일 것이라 상상하면서, 늘 부럽고 안타까운 마음에 이 고원을 지난다.

도중에 휴게소 격인 세노모토 레스트하우스瀬の本レストハウス는 주변 경관과 잘 어우러진 건물로, 난 거기서 말고기 햄과 무절임 그리고 적당한 가격의 쇼츄焼酎(일본식 증류 소주)를 사서 일행들과 나누어 마신다.

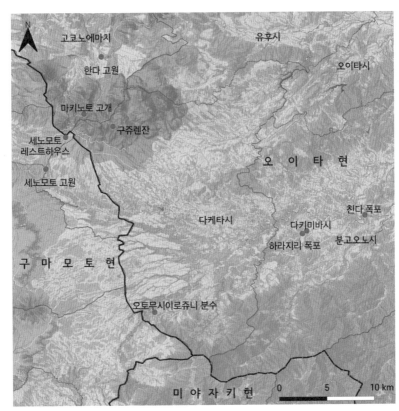
세노모토 고원

세노모토 고원[출처: 세노모토 레스트하우스(https://rest.senomoto.com)]

그리고 휴게소에서는 꼭 우유나 아이스크림도 사 먹는데, 그 풍미는 아직도 혀끝을 맴돈다. 이제 렌터카는 야마나미하이웨이에서 가장 높은 마키노토 고개牧の戸峠를 지나 구쥬렌잔을 넘으면, 그 아래 한다 고원飯田高原으로 이어진다. 한다 고원 이야기는 다음 장에서 할 예정이다. 참, 시간이 있으면 마키노토 고개에 차를 세우고 구쥬렌잔으로 이어지는 등산로를 잠시 올라도 좋다. 특히 가을철 단풍이 일품이니 돌아올 체력을 고려해서 1~2시간 걷는 걸 추천한다.

  일반적인 여행 루트와는 달리 아소를 동쪽으로 넘으면 오이타현으로 이어진다. 아소 동쪽 산록과 다카치호 북동쪽의 소보산祖母山에서 발원한 오노강大野川은 오이타현大分県 한가운데를 지나고는 오이타시大分市에서 바다로 들어간다. 오노강 상류 역시 아소 화쇄류가 쌓이고 재용용

마키노토 고개

152

과 응고 과정을 거친 용결응회암이 덮고 있다. 여기 소개하는 폭포 둘 모두 용결응회암의 주상절리와 오노강의 침식에 의해 만들어진 것이다. 우선 아소역에서 자동차로 1시간 거리에 있는 하라지리 폭포原尻の滝로 먼저 간다. 물론 아소역에서 호히 본선豊肥本線을 타고 하라지리 폭포 가까이 있는 오가타緒方역까지 갈 수 있으나, 하라지리 폭포에서 다음 행선지 친다 폭포沈堕の滝로 가려면 대중교통편이 없으니 여러모로 불편하다. 따라서 렌터카가 정답이다. 폭포 입구에 있는 휴게소(일본에서는 고속도로가 아닌 일반 도로 옆 휴게소를 미치노에키道の駅라 부른다) 주차장에 차를 세우고 바로 옆에 있는 하라지리 폭포로 간다.

이 폭포를 동양의 나이아가라라고 참칭하지만, 그 규모에 전혀 못 미친다. 하지만 4m 높이의 한탄강 직탕폭포를 두고도 '나이아가라' 운운하니,

하라지리 폭포

폭 120m에 높이 20m쯤 되는 하라지리 폭포는 애교로 봐 줄 만은 하다. 이곳 용결응회암도 약 9만 년 전(ASO-4) 아소 화산 최대 규모 폭발 당시 화쇄류의 화산재가 쌓여 만들어진 것으로, 지표에 수직 방향의 주상절리가 발달해 있다. 하천침식이 진행되면서 경사변환점은 상류로 이동하게 되는데, 이 과정에서 수직절리에 따라 암괴가 떨어져 나오면서 급경사의 폭포가 형성된다. 따라서 현재의 폭포는 그 형태를 유지한 채 상류로 이동할 가능성이 높다.

폭포 아래 하류 쪽에는 나무로 된 쓰리바시吊橋(전근대적 현수교)인 다키미바시滝見橋(글자 그대로 폭포를 정면에서 보기 위해 하천을 가로질러 만든 다리)가 있고, 폭포 위에도 콘크리트로 된 도보 다리가 여러 개 있어 폭포를 일주하는 산책로로 이용할 수 있다. 폭포 근처 논에는 휴한기인 초봄에 튤립을 50만 본가량 심어 4월에는 이 지역의 이름 따 오가타緒方 튤립축제가 개최된다. 폭포 일주를 마치고는 미치노에키로 돌아와 차를 마시거나 가볍게 식사를 하면서 원기를 재충전한다.

이제 하라지리 폭포에서 출발해 친다 폭포, 친다 댐, 친다 발전소가 있는 친다 발전소 유적沈堕発電所跡으로 간다. 이곳은 현재 규슈전력九州電力이 운영 중인 친다 발전소沈堕発電所가 아니라, 1909년에 준공한 메이지 시대의 발전소 유적터를 말한다. 따라서 이곳의 정확한 주소는 '大分県 豊後大野市 大野町 矢田 2428'이니, 렌터카 내비게이션에 입력하면 된다. 목적지 가까이 가면 오노강大野川을 건너는 다리가 나타나고 교각 부근에 친다 폭포를 설명하는 안내문이 있다. 다리를 건너자마자 친다 폭포 전망대가 있으나 괘념치 말고 진행 방향으로 조금 더 가면 왼편에

친다 폭포

작은 다리가 나타난다. 이 다리를 건너 마을 쪽으로 가면 작은 주차장이
있는데 그곳에 주차를 한다.

　주차장 아래로 내려오면 돌로 지은, 폐허가 된 발전소가 나타나고 멀리
친다 폭포가 보인다. 이 폭포는 무로마치室町 시대 명으로 유학을 갔던
수묵화가 셋슈雲舟가 1476년 오이타를 방문해 그린 「鎮田瀑図」의 대상
으로도 유명하다. 이 그림은 관동대지진 때 소실되었으나, 현재는 그 모
사본만 남아 있다. 친다 폭포는 오노강에 있는 높이 20m, 폭 100m의 숫
폭포雄滝와 오노강과 그 지류인 히라이강平井川이 만나는 곳에 있는 폭
4m에 높이 18m의 암폭포로 되어 있다. 암폭포는 숲에 가려 잘 보이지

않으며, 댐이나 발전소와 관련된 것은 규모가 큰 숫폭포이다. 폭포의 높이에서 연상되듯이 이 폭포 역시 앞서 하라지리 폭포와 마찬가지로 ASO-4의 대분화와 관련이 있으며, 주상절리와 하천의 침식으로 만들어진 것이다. 1909년 호히 전기철도주식회사豊後電気鉄道株式会社는 벳푸와 오이타 사이를 달리는 전차의 동력원을 확보하기 위해 이곳 친다 폭포에 친다 발전소를 건설하였다. 당시 숫폭포 바로 위에 제언을 설치해 발전소까지 수로로 발전용수를 공급하였는데, 준공 당시 500kW 발전기 2대를 운용하였다.

1913년 발전기 1대를 증설하면서 수량 확보를 위해 1923년에 제언의 높이를 더 높였다. 그 결과 폭포의 수량이 감소해 더 이상 과거의 폭포 모습을 볼 수 없게 되었다. 결국 1996년 제언보강공사를 실시해 항상 일정 수량을 확보할 수 있어, 현재와 같은 장대한 모습의 폭포 경관을 볼 수 있게 되었다. 도수로를 따라 조그만 산길을 오르면 폭포, 댐, 저수지 모습을 한꺼번에 볼 수 있는 지점까지 갈 수 있다. 이 도수로는 저수지에서 발전소로 용수를 공급하는 우회수로이다. 지금은 폐허가 되었지만 과거 발전소는 외벽만 남아 있는데, 그 벽면에는 8개의 아치형 창문이 고스란히 남아 있다. 또한 건물 안을 자세히 살펴보면 발전기로 연결되던 도수로의 구멍이 건물 안쪽 벽에 뻥 뚫려 있는 것도 확인할 수 있다.

좀 엉뚱한 아이템일지 모르겠으나 우리나라에서는 볼 수 없는 분수공分水工이라는 관개시설 하나를 소개할까 한다. 오토무시이로쥬니 분수音無井路十二号分水라는 좀 긴 이름인데, 오노강 상류에 있으며, 하라지리 폭포가 있는 오카다역보다는 상류쪽, 다시 말해 아소산 쪽으로 있는 분

오토무시이로쥬니 분수

고오기역豊後荻에서 자동차로 10여 분 거리에 있다. 예부터 이 지역에서는 경사지 정상부로 물을 끌어 올려 이 지역을 관개하고자 하는 꿈을 가지고 있었고, 1715년 수로 공사를 했으나 실패하여 책임자가 목숨을 끊는 불행한 일이 있었다. 이에 좌절하지 않고 1876년 공사를 시작하여 천신만고 끝에 정상부까지 이어지는 수로인 오토무시이로音無井路를 완성하였다. 다시 여기서 하류로 분배되는 3개의 간선수로를 만들었으나, 도수량의 분배를 놓고 주민들 간에 갈등이 끊이지 않았다. 결국 1934년 사진과 같은 원형분수공을 만들어 문제를 해결했는데, 이 시설은 1984년에 다시 개수하여 현재도 주민들이 사용하고 있다.

사이펀 원리를 이용해 지하로 관개수를 끌어들이고 분수공 내에서 수

면이 수평을 유지하게끔 한 후, 돌아가면서 뚫린 20개 구멍을 통해 다시 물을 흘러보낸다. 정해진 도수량 비율에 따라 구멍 수를 맞추어 칸막이를 하여, 일정 비율의 용수를 간선배수로로 흘려보내면서 도수량 문제를 해결하였다. 내가 이곳을 찾았던 날 우연히 지역 TV 방송에서 이 시설의 취재를 나왔는데, 누군가가 나를 한국에서 온 전문가라 소개하면서 인터뷰한 기억이 있다. 물론 방영되었는지는 확인하지 못했다. 이곳은 현재 운용되고 있는 농업시설인 만큼, 예의를 지키며 안전하게 견학하기 바란다.

여기까지 왔으면 다시 아소 쪽으로 돌아가는 것은 무의미하다. 여기서 오이타시나 벳푸시가 1시간 남짓 거리이니 곧장 가서 온천욕을 즐기는 것이 답이다.

16
한다 고원

아소 서쪽 하라지리 폭포 쪽이 아닌 아소 북쪽으로 나아가면, 세노모토 고원瀬の本高原을 지나 야마나미하이웨이의 마키노토 고개牧の戸峠를 넘는다. 이 고개는 구쥬렌잔九重連山의 능선에 있으며, 그 아래 북쪽으로 한다 고원飯田高原이 펼쳐진다. 한다 고원에서 서쪽으로 가면 스지유 온천筋湯温泉, 동북쪽으로 가면 유후인과 벳푸, 북쪽으로 가면 히타日田를 거쳐 후쿠오카 쪽으로 이어진다. 한다 고원과 구쥬렌잔의 관광 중심지인 조자바루長者原를 거점으로 온천, 등산, 하이킹 등 다양한 야외활동을 할 수 있어, 규슈 여행의 또 다른 묘미를 즐길 수 있다. 하지만 대부분의 단체관광에서는 그냥 통과하면서 그 북쪽에 있으며 최근 각광을 받고 있는 현수교인 고코노에 "유메"오쓰리바시九重 "夢" 大吊橋로 향한다.

한다 고원에서 남쪽을 바라보면 일련의 산맥의 펼쳐져 있는데, 이를 총칭하여 구쥬렌잔이라 하며, 아소 화산과 함께 아소쿠쥬 국립공원阿蘇くじ

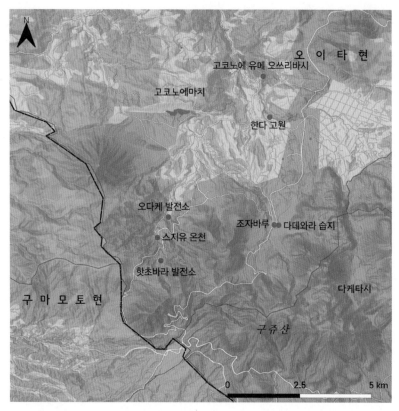

한다 고원 지도

ゆう国立公園을 이루고 있다. 구쥬렌잔의 최고봉은 1,791m 높이의 나카다케中岳이며, 규슈 본토에서 가장 높은 봉우리이다. 일각에서 구쥬렌잔을 구주산九重山으로 부르기도 하지만, 화산군과 주변 지역 전체에 대해서는 구쥬렌잔이 일반적이 명칭이다. 같은 발음인 구쥬산久住山과 구쥬산九重山이 혼동되어 쓰이는 경우도 있으나, 구쥬산久住山(1789m)은 구쥬렌잔에서 두 번째 높은 봉우리를 말한다.

구쥬산 남쪽 오이타현 다케다시竹田市 소재의 고원이 구쥬 고원久住高

原이며 세노모토 고원과 동쪽으로 직접 연결된다. 현재도 분화가 계속되고 있는 이 지역의 화산활동은 80~100만 년 전부터인데, 서쪽의 구쥬산久住山·홋쇼잔星生山(1,762m)·미마타야마三俣山(1,745m) 등 구쥬 산계久住山系는 13만 년 전부터 활동을 시작했고, 동쪽의 다이센잔大船山·구로다케黑岳(1,587m) 등 다이센 산계大船山系는 2만 5천 년 전부터 분화를 시작하였다. 이 중 가장 동쪽에 있는 구로다케는 1,600년 전 분화에 의해 형성되었고, 지금도 분화가 진행되고 있어 출입이 금지되고 있다.

한편 조자바루는 한다 고원 중심지의 지명으로, 구쥬렌잔 등산로 입구로 널리 알려져 있다. 아소쿠쥬 국립공원의 자연을 전시, 해설하는 일본 환경성의 조자바루 비지터센터長者原ビジターセンター가 설치되어 있다. 부근에는 2005년 람사조약 습지에 등록된 다데와라タデ原 습지가 있는데, 습지의 표고는 1,000~1,040m이고 면적은 38ha이다. 조자바루 비지터센터를 기점으로 다데와라 습지를 둘러보는 1.3km의 산책로가 마련되어 있다. 이 지역 고코노에마치九重町에 있는 9개 온천을 고코노에큐도九重九湯라 하며, 조자바루에도 조자바루 온천이 있다.

인근에 또 다른 고코노에큐도의 하나인 스지유 온천筋湯温泉이 있다. 스지유 온천 부근에는 지하 마그마의 열에너지를 이용해 지열발전을 하고 있는 핫초바라 발전소八丁原発電所와 오다케 발전소大岳発電所가 있다. 1967년에 완공된 오다케 발전소는 규슈 최초의 지열발전소이며, 1977년에 1호기, 1990년에 2호기가 완공된 핫초바라 발전소는 일본 전국에서 5번째 완공된 지열발전소로 발전량으로는 일본 최대이다.

한다 고원에서 북쪽으로 5km 남짓 가면 나루코강鳴子川 협곡에 고코노에 "유메" 오쓰리바시九重 "夢" 大吊橋라는 이름의 보행자 전용 현수교가 있다. 높이 173m, 길이 390m로 2006년 개통 당시 일본에서 가장 길고 가장 높은 보행자 전용 다리였다. 하지만 새로운 다리가 건설되면서 최장 길이는 양보했으나, 높이는 여전히 일본 최고이다. 다리 폭은 1.5m가량 되는데, 어른 1,800명의 하중에도 견딜 수 있도록 설계되어 있다. 단풍철인 10월 30일 개통되면서 예상외로 처음부터 성황을 이루었는데, 개통 9일만에 10만 명을 돌파하였고 개통 24일만에 연간 목표였던 30만을 달성하였다. 개통 2년이 막 지난 2008년 11월 17일 400만 명을 돌파하면서 입장료 수입도 상당하였는데, 총사업비 20억 엔 중 지역재생사업 지원금 7억 3천만 엔을 예정보다 8년 빠른, 2년 만에 변제할 수 있었다.

다데와라 습지

2009년 10월 15일 500만 명을 돌파했고, 2017년 3월 1일 1,000만 명을 돌파하였다. 영업시간은 오전 8시 30분부터 오후 5시(7월부터 10월까지는 오후 6시)까지이며, 연중 영업을 한다.

　이 다리가 주목을 받게 된 데는 아소 화산을 구경하고 후쿠오카로 귀환할 때 특별한 구경거리가 없다는 점도 있겠지만, 주변의 폭포와 협곡, 특히 가을철 단풍이 어우러지면서 지역 최고의 관광지로 발전하였다. 하지만 듣기 좋은 꽃노래도 한두 번이라고, 일행과 함께 이곳에 오면 난 주차장 근처에 있는 식당에 가서 치킨가라아게와 맥주를 마신다. 어디서든 맥주 마시는 버릇 덕분에 지금은 통풍으로 간혹 고생을 한다.

고코노에 "유메" 오쓰리바시

17
유후인과 벳푸

고속도로나 기차로 유후인 부근을 지나다니기만 하다가 어느 날 유후인에 숙소를 정하고 하룻밤을 잔 적이 있다. 규슈에 처음 온 친구 부부와의 동행이었고, 그가 아는 규슈는 유후인을 빼고 생각할 수 없었기에 겸사겸사 들렀다. 도착하고부터 밤늦게까지 밀려드는 인파에 떠밀려 다니다가 결국 구경을 포기하고는 숙소로 돌아왔다. 낮에 어느 미치노에키에서 산 팔삭八朔(핫사쿠)을 일행과 함께 까 먹으면서 밤 시간을 보냈다. 팔삭은 하귤과 마찬가지로 껍질은 물론 속껍질마저 두꺼워 모두를 벗겨 속살만 먹어야 하며, 처음 먹을 땐 신맛에 꺼려지지만 맑은 맛에 향기마저 뛰어나 내가 너무 좋아하는 과일이다. 제주에서도 2~3월경에 나기 때문에 간혹 주문해서 먹기도 한다.

내가 이곳을 찾았던 건 일본 여행이 절정이었던 2018년의 일이라 안내문에 있는 명소나 맛집, 카페는 말할 것도 없고 심지어 이곳 최고의 경

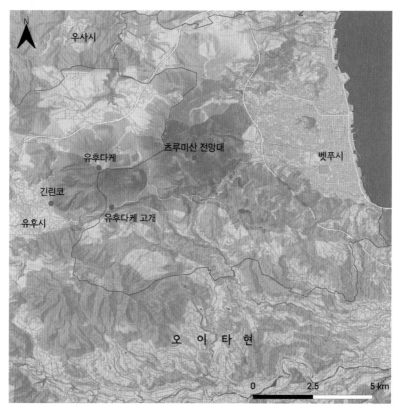

유후인과 벳푸 지도

치라는 긴린코金鱗湖마저도 인산인해라 실망이 이만저만 아니었다. 호수라기보다는 작은 저수지 정도라 그 규모마저 내 상상을 완전히 벗어났다. 하지만 새벽 일찍 일어나 찾은 긴린코는 관광객도 없고 물안개 속 호수의 빼어난 정취를 보여 주어, 왜 이곳이 유후인 최고의 경치인지를 가늠할 수 있었다. 마치 새벽녘에 찾은 경북 청송의 주산지 분위기라고나 할까?

유후인 온천이 개발된 것은 1925년부터이며 고도가 높아 처음부터 피서지로 각광을 받았다. 6·25 동란 이후에는 잠시 미군이 주둔한 적도 있었다고 한다. 유후인 온천은 지금도 주민 자치를 기반으로 지역 성장을 관리하고 자연친화적 개발에 매진하는 곳으로 유명한데, 이러한 전통은 이미 오래전부터 이어져 온 것이다. 1952년 댐 건설 반대로 시작된 지역 주민 주도의 개발 전략은 1970년 골프장 건설 반대, 1987년 리조트 개발 반대까지 이어지면서 현재의 유후인 온천이 유지될 수 있었다. 하지만 특별한 이유가 아니라면 난 더이상 이곳을 찾을 일은 없을 것 같다. 아기자기한 상품들로 채워진 가게나 예쁘게 꾸며진 카페들에서 별다른 감흥을 느끼지 못하는 노인의 메마른 감성 탓도 있겠지만, 굳이 외국까지 와

긴린코

서 북새통 속에 나를 소모할 생각이 전혀 없기 때문이다. 난 다음날 아침 식사를 하고는 뒤도 돌아보지 않고 유후인을 떠났다.

유후인 다음 행선지는 귀국을 위해 후쿠오카 쪽으로 돌아가거나, 아니면 벳푸이다. 앞서 말했던 야마나미하이웨이는 유후인을 지나 벳푸까지 이어진다. 세노모토 고원 정도의 장대함은 아니지만, 이곳 경치 역시 만만치 않다. 유후인을 벗어나 규슈 11번 지방도를 따라 고갯길을 오르면 왼편으로 1,584m 높이의 유후다케由布岳가 나타난다. 화산체 정상에는 2개의 봉우리가 있는데, 서봉이 최고봉이다. 가장 최근에 폭발한 것이 2,200년 전이라 활화산에 속한다. 원추형인 유후다케는 전체적으로 삼림이 없는 초지라 가을이 되면 완전히 갈색으로 바뀌고, 이때 석양을 받으면 황금색으로 물든다. 난 이때가 유후다케의 절정이라 생각하면서 늘 등반을 꿈꾸었지만, 아직 오르지 못했다. 고개 마루에는 유후다케 등산로 입구를 나타내는 입간판이 서 있다.

이제 일본 최대의 온천 도시인 벳푸로 내려간다. 벳푸는 동쪽 해안을 제외하고는 세 방향 모두 산으로 둘러싸여 있으며, 그중 유후다케에서 동쪽으로 이어지는 츠루미산鶴見岳이 가장 높다. 츠루미산 전망대에서는 벳푸 전체를 조망할 수 있는데, 츠루미산 중턱에서 출발한 로프웨이를 타면 전망대까지 갈 수 있다. 츠루미산을 정점으로 남북으로 이어진 산지 아래 산록에 선상지 그리고 해안 쪽으로 충적평야가 발달해 있는데, 동서로 약 5km, 남북으로 10km 크기의 벳푸 시가지가 이곳에 펼쳐져 있다. 온천은 시가지 곳곳에 있으며, 대개는 간헐천이 아니라 관정을 통해 지하에서 추출한다. '무슨 지옥', '무슨 지옥' 하면서 마치 도시 전체

자코시 전망대에서 본 유후인과 유후다케

에 지옥이 펼쳐져 있는 양 말하지만, 사실은 지열에 지하수가 끓어 수증
기가 뿜어 올라오는 곳들이다.

벳푸는 자주 갔지만, 대개는 직장에서 가는 단체여행이나 학생들 인솔
때이지 혼자서 간 적은 몇 번 없다. 저녁 먹고 시내 중심가로 나오면 이자
카야나 라멘 집 같은 식당만 불을 밝히고 있다. 우리말이 안 통하고 디테
일에서 차이가 날 뿐, 절정기를 지난 부산 동래의 온천장과 비슷한 분위
기이다. 이 글을 쓰면서 애써 벳푸의 추억을 끄집어내고 있지만 별다른
게 생각나지 않는다. 한 가지 있다면 시장통에 있던 테이블 2개에 카운터
석 4개 정도의 아주 작은 스시 집이다. 일행 한 분과 함께 밤 늦게까지 이

벳푸 시내

곳저곳 기웃거리다가 들어선 곳인데, 손님은 없고 나이 든 여사장만이 우리를 맞아주었다. 그러고는 10년 후 다시 그곳을 찾았다. 식당 모습은 그대로인데 여사장님은 돌아가시고 그 아들이 주방을 맡고 있었다. 우리가 한국에서 온 걸 알고는, 오래전에 자기 가게를 찾은 손님 중에 이런 사람이 있었다며 명함 하나를 내놓았다. 그 명함 주인공은 10년 전 나와 동행했던 일행의 것이었다.

온천장=휴양지=유흥가라는 인식은 나같이 나이 든 사람에게나 있지, 매일 온수로 샤워하는 요즘 젊은이에게 온천장은 별 매력이 없는 곳이라 생각한다. 난 부산에서 오래 살았고, 마지막 직장도 부산, 그중에서도 금정구에 있어 동래 온천장과 가까웠다. 전날 한잔했다면 새벽부터 허심청을 찾아 주독을 달랬다. 나와서 재첩국 한 그릇을 먹고 언제 숙취에 후

줄근했냐는 듯이 말끔한 모습으로 출근하곤 했다. 앨범을 뒤지면 부모님 손을 잡고 동래 온천장 인근의 동래유원지를 찾던 시절의 사진도 있다. 젊을 때와는 달리 나이 먹으니 온천이 좋아졌다. 일본 숙박지에 대중욕탕이 있으면 빠짐없이 가고, 비즈니스 호텔에 묵을 땐 근처 대중목욕탕이라도 간다. 물론 그곳에도 무슨 무슨 온천이라는 이름이 빠지지 않는다. 국내에서는 청송 대명콘도(소노벨 청송)에서 운영하는 솔샘온천이 좋아 1년에 최소 네댓 차례는 가고 있다. 이곳 야외온천장은 내가 아는 한 국내 최고이다.

벳푸에 도착해 한물간 부곡하와이나 백암온천이 연상된다면, 온천욕을 아무리 좋아한다고 해도 이 도시는 내겐 더 이상 매력이 없다. 벳푸의 절정기는 일본 경제가 최고조에 이르고 관광 붐이 절정에 달했던 1960~1970년대로, 벳푸의 도시 개발 역시 이 시기에 이루었다. 나이를 먹었다고 퇴락한 도시마저 좋아한다고 생각하면 오산이다. 내게 이 도시는 그렇게 보인다.

18

우사 해군항공대 격납고와
후쿠자와 기념관

벳푸에서 온천을 하고 다음 날 아침에 출발한다면, 대개 빠듯한 귀국 일정 때문에 쇼핑도 해야 하니 허겁지겁 후쿠오카로 돌아와야 한다. 만약 밤 비행기라면 앞서 소개한 카르스트 대지 히라오다이平尾台가 중간에 들를 대안이 될 수 있다. 이외에 벳푸에서 후쿠오카로 돌아가는 길에 들를 만한 여행지로 두 곳을 소개하고자 한다. 물론 렌터카나 관광버스를 이용하고 있다는 전제가 있어야 한다. 하나는 제주도 알뜨르 비행장과 격납고를 연상케 하는 우사 해군항공대 엄체호宇佐海軍航空隊 掩体壕 群이며, 다른 하나는 현행 10,000엔 지폐의 모델이자 메이지 시대 최고의 교육자 겸 계몽사상가인 후쿠자와 유키치 기념관福澤諭吉紀念館이다.

태평양 전쟁 당시 초반 승승장구했던 일본군은 이후 연전연패하면서 1945년 4월에는 오키나와까지 밀려든 미군을 상대하느라 고전을 면치

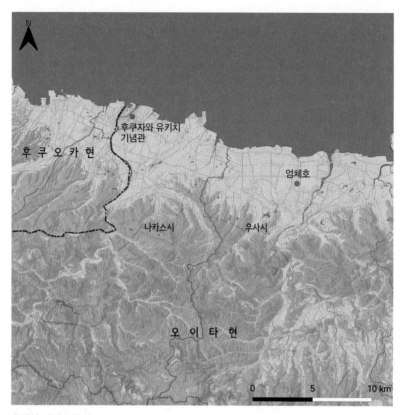

우사시, 나카스시 지도

못하게 되었다. 일본 본토 중 가장 남쪽에 위치한 규슈는 전 지역이 요새화되거나 군사기지화 되었는데, 이곳 우사宇佐도 그중 하나이다.

이곳에 해군항공대의 설치가 결정된 것은 1937년이고, 연습항공대가 출범한 것은 진주만 공습이 있었던 1939년이다. 전쟁이 발발하자 전투기와 폭격기를 지키기 위해 엄체호가 필요했고, 1943년부터 축조가 시작되었다. 만드는 방법은 간단한데, 흙더미를 쌓고 거기에 철근을 짜서 콘크리트를 타설한다. 굳으면 안의 흙을 제거하면 완성된다.

우사시의 엄체호

전쟁 중 만들었던 엄체호 중 1기[조이이치고엔타이고城井1号掩体壕]가 보존되어 있으며, 그 부근에 도로로 바뀐 활주로 흔적이 남아 있다. 1945년에 이곳 연습항공대는 작전부대가 되었고, 4월에는 가미카제 특별 공격대가 편성되어 구시라串良 기지 등을 거쳐 남쪽 바다로 흩어졌다. 그 수는 154명에 달했다고 한다. 엄체호는 벳푸에서 나카쓰로 가는 국도 오른편 해안 쪽에 있는데, 우사 IC에서 차로 20분 정도 걸린다. 이 엄체호는 1944년 8월경에 만든 것으로 엄체호 안에는 바다에서 인양한 제로센(零式艦上戰鬪機의 약자인 零戰)의 엔진이 들어 있다. 인근에는 2014년에 문을 연 우사시 평화자료관宇佐市平和資料館이 있는데, 이곳에는 우사해군항공대의 역사와 우사에서 출격한 특공대, 우사가 입은 공습 피해 등을 소개하고 있으며, 영화 촬영을 위해 다시 제작된 제로센의 실물 모형도 전시되어 있다.

우사에서 차로 20분 정도 가면 나카쓰中津시가 나온다. 이곳 나카쓰는 일본 근대 초기 교육자 겸 사상가인 후쿠자와 유키치의 본향이다. 후쿠자와 유키치는 1835년 하급무사 차남으로 오사카에서 태어났다. 1살 반이던 1836년 아버지를 잃고 어머니와 5명의 형제, 자매가 나카쓰로 귀향해서 빈한한 소년 시절을 보냈다. 번으로부터 재주를 인정받아 19세인 1854년 난학蘭学(네덜란드에 기반을 둔 서양 학문)에 뜻을 두고 나가사키로 유학을 떠났고, 그 이듬해인 1855년 오사카에 있던 난학 사숙으로 유명한 오가타 고안緒方洪庵의 데키주쿠適塾로 옮겨 학업에 매진하였다. 1858년 나카쓰번의 명령에 따라 에도 번저에 난학숙을 열었는데, 이것이 게이오기주쿠慶應義塾(경응의숙)의 전신이며 이후 일본 사학의 명문 게이오대학으로 발전하였다. 1858년 일미수호통상조약이 체결되고 비준서 교환을 위한 견미사절단 파견단의 일원으로 1860년 간린마루咸臨丸

후쿠자와 유키치 기념관

에 승선해 미국으로 갔다.

　사절단 승선용으로 미국에서 파견된 함선 이외에 막부에서 별도로 증기선 1척을 파견하기로 결정하였고, 군함부교대우軍艦奉行並였던 기무라 가이슈木村芥舟를 사령관으로, 가쓰 가이슈勝海舟를 함장으로 선임했다. 일부 책에서는 가쓰 가이슈가 간린마루의 파견을 막부에 요청했고 간린마루를 지휘했다고 소개하고 있지만, 이는 사실이 아니다. 막부와의 조정을 거쳐 총 96명의 간린마루 승조원이 선발되었는데, 사관들은 대부분 해군전습소 참가 경력이 있는 군함조련소의 교수들이었다. 후쿠자와는 해군과 무관한 인물이었지만, 사령관 기무라와의 개인적 인연 때문에 간린마루에 승선할 수 있었다.

　미국 함선 포해튼호를 탄 사절단은 2월 13일 요코하마를 출발해 하와이를 거쳐 3월 28일에 샌프란시스코에 도착했다. 그 후 일행은 파나마 지협을 통과해 5월 15일 워싱턴에 도착했으며, 일주일 후인 5월 22일에 비준서를 교환했다. 6월 8일 워싱턴을 출발해 볼티모어, 필라델피아를 거쳐 6월 29일에 뉴욕을 떠났고, 대서양을 횡단해 8월 27일 희망봉을 지나 인도양에 진입하였다. 그 후 바타비아, 홍콩을 거쳐 11월 9일 시나가와品川 앞바다에 도착해서는 다음 날인 11월 10일 하선하였다. 한편 간린마루 사령관 기무라는 일본인 승조원만으로 태평양을 건너는 것은 불안하다고 판단하여, 반대하는 일본인 승조원을 설득한 후 난파되어 요코하마에 정박 중이던 미국 군함의 함장 해군대위 브룩J. H. Brooke과 그 부하들을 간린마루에 승선시켰다. 간린마루는 2월 10일 포해튼호보다 일찍 출발했다. 기무라의 예상대로 태풍 앞에 일본인 승조원들은 아무런 역할을 하지 못했고, 미국인 승조원에 의해 간신히 3월 18일 샌프란시스코에 도착할 수 있었다. 후쿠자와 유키치의 자서전 중에 이러한 기록이 있다.

남의 힘을 조금도 빌리지 않고 출항을 결심한 그 용기와 기량, 이 것만큼은 일본의 명예로 전 세계에 자랑할 만하다고 생각한다. 앞 서 언급한 바와 같이, 항해 중에는 외국인 캡틴 브룩의 도움을 빌리지 않겠다며 측량도 일본인 스스로 했다. 미국인 역시 자기들끼리 측량을 했으므로 서로 측량한 것을 나중에 비교해 보는 정도였지, 미국인의 도움을 받겠다는 생각은 추호도 없었다. 그 점만큼은 크게 자랑해도 좋으리라고 생각한다.

후쿠자와 유키치의 이야기가 전설처럼 전해진 것인지 어떤지 알 수 없으나, 간린마루의 태평양 횡단은 최근까지 일본인 승조원의 자력으로 이루어진 것으로 알려져 왔다. 하지만 당시 항해 실태는 후쿠자와의 진술과는 전혀 달랐는데, 이는 간린마루에 승선했던 미 해군대위 브룩의 유언에 따라 1960년까지 그의 일기가 공개되지 않았기 때문이다. 간린마루의 임무는 끝났지만 항해 도중 파손된 배를 수리해야 했기에 샌프란시스코에 머물렀다. 이 기간 동안 승조원들은 현지인들과 다양하게 교류하면서 얻은 각자의 개인적 경험을 토대로, 서구문명에 대한 나름의 편린들을 갖고 귀국하였다. 후쿠자와는 사진관에 들러 미국 소녀와 함께 사진을 찍기도 했고, 존 만지로와 함께 영중사전을 구입해 이를 바탕으로 나중에 영일사전을 만들 수 있었다. 당시 일본인들이 처음 만난 서구의 문명과 문화, 그리고 관습 등에 놀라 당황하는 모습은 충분히 상상할 수 있다. 하지만 이렇게 계속된 서양과의 접촉이 점차 일본을 바꾸어 놓기 시작하였다.

사절단과 간린마루 승조원들은 미국 측에서 안내하는 병원, 신문사, 조폐창, 제철소, 조선소, 각종 해군시설 등 많은 곳을 방문하였다. 이외 그들의 활동 중에서 돋보이는 것이 있었으니 그것은 바로 서적 구입이었다. 사절단 일행은 미국 정부와 관계기관으로부터 적지 않은 책을 기증받기도 했고, 자체 판단에 따라 통사들을 동원해 막부의 각 관청에 필요한 서적을 대량으로 구입하였다. 이들이 구입한 서적은 영어, 지리서, 무역과 항해 관련 서적에 집중되었다. 이후 막부는 1862년 1월 다케우치 야스노리竹内保德를 정사로 하는 제1차 유럽사절단文久遣欧使節 혹은 第1次遣欧使節을 파견했다. 이들 일행은 프랑스, 영국, 프로이센, 러시아, 포르투갈, 네덜란드를 1년 동안 순방하고는 1863년 1월에 귀국하였다. 사절단은 영국과의 협상을 통해 일미수호통상조약(1858년)에 따른 기존의 개항지 중에서 효고와 니가타의 개항과 에도와 오사카의 개시 기한을 기존의 1863년 1월 1일에서 5년 후인 1868년 1월 1일로 연기하는 쪽으로 합의했다. 1862년 6월에 맺은 소위 '런던각서'가 그것인데, 이를 근거해 유럽의 다른 조약국들과도 같은 조약을 맺을 수 있었다. 여기에 후쿠자와가 번역 요원으로 참가하였다.

이러한 해외 견문과 서양 문명에 대한 비판적 분석을 바탕으로 후쿠자와는 『서양사정西洋事情』, 『학문을 위하여学問のすゝめ』, 『문명론 개략文明論之概略』 등을 저술하면서 당시 일본인에게 서양문명의 정신과 정수

를 전했다.『학문을 위하여』는 후쿠자와의 이름을 일약 전국적으로 유명하게 만든 저작으로, 유럽이나 미국 체류 중의 견문을 정리하여, 서양 국가들의 경제 실정과 학교 교육, 병원에서 전신기, 가스등에 이르기까지 모든 시설과 제도를 소개하고 있다.『학문을 위하여』는 '하늘은 사람 위에 사람을 만들지 않고, 사람 아래에 사람을 만들지 않는다'는 말을 쓴 것으로 알려진 후쿠자와의 대표적 저작 중 하나이다. 새롭고 자유로운 사고방식을 만들어내지 못하는 유교 사상을 비판하고, 실증적 학문의 중요성을 설파하고 있다. 마지막으로『문명론 개략』은 인류의 진보를 이끄는 것은 문명이며, 이를 추구하는 것의 중요성을 설명하는 후쿠자와의 대표적 저작 중 하나이다. 인간의 정신을 발달시킨다는 점에서는 동양보다 서양의 문명이 뛰어나다고 분석했고, 동시에 당시 일본의 독립이라는 과제를 위해 당분간 '문명'을 수단으로 삼아야 할 필요성도 설명하고 있다.

후쿠자와 유키치는 김옥균을 비롯한 우리 개화파에 관심을 가지면서 그들과 교류했다. 1881년 신사유람단의 일원으로 온 유길준을 자신의 게이오기주쿠慶應義塾에서 1년 반 동안 머물게 하면서 자신의 사상을 전했다. 1883년에는 게이오기주쿠 졸업생인 이노우에 가쿠고로井上角五郎가 조선으로 파견되어 총리아문 고문직에 오르면서 일본의 입장을 대변했다. 당시 나이 23세의 약관으로 이처럼 무명의 어린 자가 그런 지위에 오른 것으로 보아 배후에 일본 정부와 후쿠자와 유키치 그리고 조선의 개화당이 있었을 것이라 판단된다. 그는 조선의 근대적 관보신문인『한성순보』의 창간에 적극 관여하기도 했고, 갑신정변 당시 다케조에 공사와 함께 조선을 탈주하였다. 게다가 후쿠자와는 1884년 갑신정변 실패로 일본으로 망명한 김옥균과도 교류를 했다.

이처럼 후쿠자와는 조선의 근대화에 남다른 관심을 가졌지만, 청일전쟁 이후 '탈아론', '정한론' 등을 제기하면서 일본의 제국주의 정책에 동조하는 모습을 보이기도 했다. 방대한 저술과 폭넓은 사상적 스펙트럼으로 찬반이 극명히 갈리는 인물인 건 사실이지만, 일본 근대화의 지적 선봉으로서 지금껏 일본인의 사랑과 존경을 받고 있는 인물이다. 시간이 허락한다면 지나가는 길에 그의 기념관 방문을 추천한다.

규슈 남부

앞선 장 〈규슈 북부〉는 4박 5일 혹은 5박 6일의 압축 여행을 상정하고 여행지와 여행 일정을 설계하면서 이야기를 전개하였다. 물론 후쿠오카, 나가사키, 아소, 유후인+벳푸, 4곳에 베이스캠프를 두고 제법 긴 기간 동안 한 번에 여행할 수도 있고, 네 번에 걸쳐 각각 2박 3일씩 짧은 여행을 할 수도 있다. 하지만 북부 여행을 하다가 남부로 가서 다시 여행을 이어 간다면 일정이 너무 늘어지기 때문에 휴가를 마냥 쓸 수 없는 보통의 생활인으로서는 불가능한 일이다. 사실 북부와 남부는 기리시마 산지에 의해 구분되기도 하므로 규슈 남부 여행은 가능한 한 분리해 추진하는 것이 현명한 방법이라 생각한다. 규슈 남부에는 가고시마현과 미야자키현 남부가 포함되는데, 과거 사쓰마번의 영역이라 역사적으로도 문화적으로도 동질성을 지니고 있다. 따라서 규슈 남부 여행은 과거 메이지 유신의 선봉에 섰던 사쓰마번의 역사적 맥락에서 벗어날 수 없기에, 이후 글에서는 다소 역사적 이야기가 많아질 수밖에 없음을 미리 알려둔다. 규슈 남부 여행의 중심지인 가고시마시에 베이스캠프를 두고 시내 대중 교통편을 이용한 도심 여행뿐만 아니라 버스나 기차를 이용해 주변을 방사상으로 여행하는 것을 추천한다.

19
사쿠라지마

사쿠라지마는 가고시마만[혹은 긴코만錦江湾]을 사이에 두고 가고시마
시와는 지척에 있는 활화산이다. 사쿠라지마桜島의 한자 '桜'는 벚나무를
뜻하는 '櫻(앵)'의 일본식 한자이다. 섬 이름 '桜'와 관련해 여러 이야기가
전해지지만, 사쿠라지마가 분화하면 섬 전체가 하나의 벚꽃 같다고 해서
사쿠라지마라는 이름이 붙여졌다고는 하는 것이 그중 하나이다. 사람마
다 다르겠지만 나는 계절이 바뀌면 그 계절 가장 기억에 남는 과거 여행
지의 풍광을 떠올리면서 잠시나마 식어버린 여행 욕구를 다시금 끌어올
린다. 특히 봄철이 되면 가고시마만 해안가 벤치에 앉아 활짝 핀 벚꽃을
가까이에 두고 멀리 바닷가에 우뚝 솟은 사쿠라지마를 바라보는 상상을
하곤 한다.

가고시마시 서쪽 시로야마 공원 전망대城山公園展望台에 오르면 가고
시마 시가지와 사쿠라지마가 한눈에 보이는데, 여기서는 사쿠라지마가

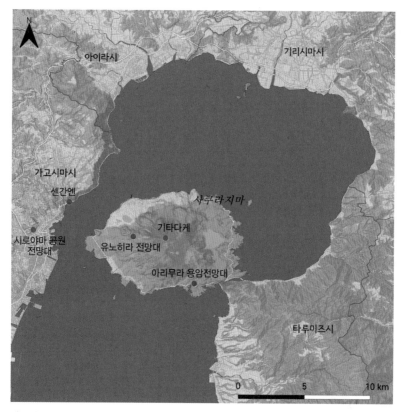

사쿠라지마 지도

섬처럼 보인다. 하지만 사쿠라지마는 1914년 화산 폭발 때 흘러나온 용암에 의해 화산섬이 육지와 연결되면서 현재는 섬이 아니다. 당시 화산 폭발에 대해 일본 역사상 처음으로 근대 지질학적 방법을 동원해 분석한 이가 바로 도쿄대학교 지질학과 교수인 고토 분지로小藤文次郎인데, 함경 산맥, 낭림산맥, 태백산맥, 소백산맥 등 우리나라 산맥을 처음으로 규정 하고 명명한 바로 그 사람이다. 필자가 번역·출간한 바 있는 『조선기행 록(2010, 푸른길)』은 고토 분지로가 1901~1903년 한반도를 횡단하는 기

시로야마 공원 전망대에서 본 사쿠라지마

마 여행을 하면서 써 놓은 남부지방 지질 여행 기록과 그의 논문 「조선산 맥론」을 번역해 합쳐 놓은 것이다.

가고시마 일대의 지도를 살펴보면 가고시마만鹿児島湾을 경계로 서쪽에 사쓰마반도薩摩半島, 동쪽에 오스미반도大隅半島가 있는데, 우리가 가고시마를 여행하면서 들르는 가고시마시, 이부스키, 가이몬다케, 지란특공평화공원 등등은 모두 사쓰마반도에 있다. 하지만 사쿠라지마는 오스미반도 쪽에 붙어 있다. 이들 두 반도는 마치 집게발처럼 남쪽을 향해 달리고 있는데, 그 사이가 가고시마만이다. 가고시마만은 다시 사쿠라지마에 의해 둘로 나누어지며, 그 북쪽 내만은 사쿠라지마와 함께 커다란 원호圓弧를 그리고 있다. 지름 20km의 이 거대한 원호는 과거 화산 폭발로

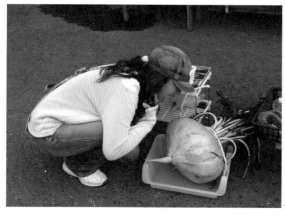
사쿠라지마에서 생산된 무

함몰된 칼데라에 바닷물이 들어온 곳이다. 아이라始良 칼데라라 불리는 이 칼데라가 현재와 같은 모습을 갖게 된 것은 지금으로부터 약 3만 년 전의 화산 폭발에 의한 것이라 한다. 사쿠라지마는 지금도 화산재와 연기를 내뿜고 있는 활화산으로, 아이라 칼데라가 형성된 이후 화산 활동을 개시하면서 형성된 화산섬이다.

사쿠라지마의 평면적 형상은 거의 원형에 가까운데, 동서 길이 12km, 남북 길이 10km, 둘레 55km에 달하며, 최고봉 기타다케北岳는 그 높이가 1,117m에 이른다. 8세기 이후 약 30회가량의 대규모 화산 폭발이 있었다고 역사 문헌에 기록되어 있는데, 그중에서도 1471년, 1779년, 1914년의 분화 규모가 가장 컸다고 한다. 21세기에 들어서도 소규모 폭발은 끊임없이 일어나고 있으며, 그 빈도 역시 증가하고 있다. 소규모 분화라도 일어나고 바람이 가고시마만을 건너 시가지 쪽으로 불어올 때면 도시 곳곳에 화산재가 쌓인다. 60만 가고시마 시민들은 언제 대규모 분화가 이루어져도 이상할 것 없는 이 거대한 불기둥을 지척에 두고, 아무렇지도 않은 듯 평상심을 유지하면서 살아가고 있다. 가고시마항과 사쿠라지마항 사이 5km 구간에는 페리가 운행되고 있으며, 사쿠라지마에는 세계에서 가장 큰 무와 세계에서 가장 작은 귤이 생산되고 있다.

한편 가고시마 시내에서 차로 20분 정도 떨어진 시마즈가島津家의 별저 센간엔仙巌園은 가고시마를 방문하는 일반 관광객이 가장 많이 찾는 곳 중 하나인데, 이곳에서 바라다보는 사쿠라지마는 아름다운 정원과 푸른 바다가 서로 어우러져 절경을 자아낸다. 상투적인 표현이겠지만, 사쿠라지마와 가고시마는 떼어 놓고 생각할 수 없는 동전의 앞뒷면과 같다. 사실 이렇게 도심 가까이 있고 쉽게 접근할 수 있는 활화산은 흔치 않다. 더군다나 국내에는 활화산이 없기 때문에, 우리나라 관광객이라면 한 번쯤 이곳에서 활화산을 경험할 수 있는 좋은 기회가 될 것이다. 현재 사쿠라지마를 방문하는 관광객의 수는 연간 200만 명가량 된다고 하는데, 페리에서 내리면 이곳의 전체적인 상황을 알기 위해 인근에 있는 사쿠라지마 비지터센터ビジターセンター를 방문할 것을 추천한다. 그 주변에 전망대, 공원, 족욕장 등이 마련되어 있어 휴식과 산책, 뭐든 가능하다.

화구에서 3.5km정도 떨어져 있는 유노히라 전망대湯之平展望所(해발 373m)까지 자동차로 오를 수 있다. 이곳에서 다시 도보로 히키노다이라 전망대引之平展望所까지 갈 수 있으나, 분화 때는 접근이 차단된다. 이곳에서 화구까지는 2km가량 되며, 해발 563m지점에 있다. 거꾸로 여기서 보는 가고시마시의 전경은 또 다른 파노라마를 보여 준다. 사쿠라지마를 가고시마 여행 마지막 일정으로 잡고 미야자키 쪽으로 갈 여정이라면,

유노히라 전망대에서 본 기타다케

남쪽 해안도로(224번 국도) 변에 있는 아리무라 용암전망대有村溶岩展望
所도 괜찮은 선택이다. 오히려 이곳에서 사쿠라지마가 분화하는 모습을
생생히 볼 수 있다. 한편 화산이 분화할 때 떨어지는 분석噴石에 대비하
기 위해 사쿠라지마 내 간선도로 곳곳에 대피호가 마련되어 있다. 사쿠
라지마 내 하천은 평소에는 말라 있지만, 큰비가 내리면 분석이 토석류
로 변해 큰 위협이 될 수 있다. 하천 바닥 곳곳에 토석류 차단벽이 세워져
있으며, 토석류 센서와 감시 카메라가 24시간 작동하기에 위험이 감지되
면 즉시 도로가 통제된다. 그러니 너무 걱정할 필요는 없다.

나와 사쿠라지마의 인연은 제법 오래된다. 1994년 호주 여행을 떠났다. 서울을 이륙한 비행기는 우리 영토를 벗어나자마자 잠시 후 일본 상공을 지나더니 이내 망망대해 태평양 위를 날기 시작하였다. 일본 상공을 막 벗어나려는 순간 비행기 창가 너머로 해안가 작은 섬에서 가느다란 연기가 피어오르는 것이 보였다. 처음에는 산불인가 생각했지만, 섬 중앙에서 그것도 수직으로 뿜어져 올라오는 것이라면… '아, 화산이구나.' 하면서, 총체적인 모습의 화산을 처음으로 보았다는 당시의 충격과 반가움은 상상 그 이상이었다. 요즘 국제선 비행기는 좌석 앞 화면을 통해 현재 내가 있는 위치와 항로, 남은 거리와 도착 시각 등을 알 수 있다. 하지만 당시는 그런 장비가 없었고, 설령 요즘처럼 그런 정보가 제공된다고 하더라도 그 작은 섬이 어느 섬인지 이름까지는 알 수 없다.

뿜어져 올라온 화산 분화 연기는 바람 부는 방향을 따라 길게 늘어서면서 마치 비행기구름처럼 보이기도 하였다. 당시 처음 본 화산에 대한 인상이 얼마나 충격적이었던지, 이곳이 어딘지를 꼭 알아야겠다고 작정하면서 화산 주변의 지형 윤곽 및 비행시간과 여러 가지 나름의 정보를 여행 수첩에 자세히 적어 놓았다. 이런 식으로 확인한 것 중 국내에서 가장 인상적이었던 것은, 마치 골프장의 아일랜드 그린island green처럼 생긴 밀양 삼문동의 '물돌이'였다. 귀국 후 여행 수첩의 정보를 더듬으면서 어렵사리 확인한 그 섬은 가고시마의 사쿠라지마 화산이었고, 나와 가고시마 그리고 사쓰마와의 첫 만남은 그렇게 시작되었다.

20
데루쿠니 신사

가고시마에 도착한 이후 일정은 각자의 여행 기호나 단체관광 계획에 따르겠지만, 가능하면 데루쿠니 신사照国神社부터 먼저 가라고 권한다. 이 신사는 시로야마 공원 바로 아래에 있으며, 가고시마의 대표적인 상점 거리(아케이드)인 덴몬칸天問館에서도 멀지 않다. 이곳에는 사쓰마 11대 번주 시마즈 나리아키라島津斉彬(1809~1858)와 그의 이복동생 시마즈 히사미쓰島津久光(1817~1887), 히사미쓰의 친아들이자 나리아키라의 양자로 사쓰마 12대 마지막 번주인 시마즈 다다요시島津忠義 등 3명의 동상이 우뚝 서 있다.

이곳 신사와 시마즈 나리아키라의 동상은 그의 업적을 기리기 위해 그가 사망한 1858년 이후 6년이 지난 1864년에 조성된 것으로, 히사미쓰와 다다요시의 동상은 그 이후에 세워졌다. 사실 가고시마 관광의 중요 부분은 1867년 왕정복고 쿠데타의 성공과 도쿠가와 막부의 붕괴에 결정적

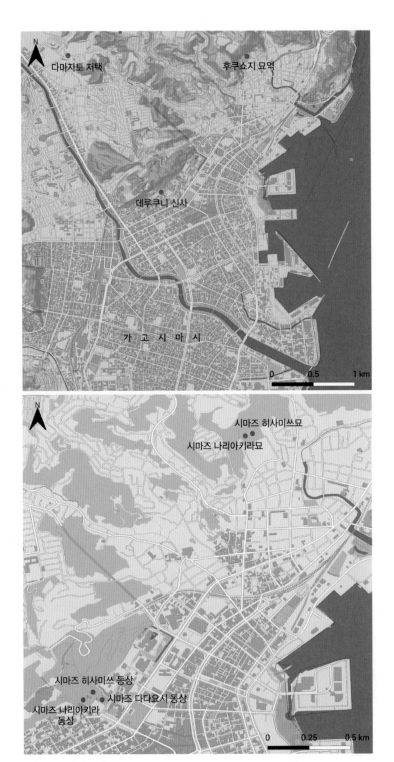

데루쿠니 신사와 가고시마 지도

⬍ 시마즈 나리아키라 동상   ⬍ 시마즈 히사미쓰 동상

시마즈 다다요시 동상

인 역할을 한 사쓰마번의 분투와 영광, 그리고 그 흔적에 집중되어 있다. 이것이 가능했던 것은 사쓰마번이 가지고 있던 경제, 외교, 군사, 문화적 측면에서의 탁월한 역량뿐만 아니라, 번의 인적, 재정적, 군사적 모든 자원의 동원을 주도한 나리아키라–히사미쓰–다다요시의 리더십도 큰 몫을 하였다. 실제로 가고시마시가 제공하는 관광지도를 살펴보면, 유명 관광지는 메이지 유신과 관련된 인물의 탄생지, 동상, 묘지와 관계 있는 것들이 대부분이다.

시마즈 나리아키라는 사쓰마번 최고의 개명 군주이자 막말 정국의 핵심에 있던 사쓰마의 11대 번주이다. 비록 40세를 넘고서야 번주에 오를 수 있었고, 그 과정에서 오유라お由羅 소동 등 번내 갈등을 유발하기도 했다. 하지만 번주에 등극한 이후 서양 문물에 대한 자신의 지식과 철학을 바탕으로 철제 대포 주조와 서양식 함선 건조 사업 등 사쓰마번의 근대화 사업에 매진하였다. 그는 기본적으로 막정에 참여할 수 없는 도자마 다이묘外樣大名[세키가하라 전투(1600) 이후 도쿠가와가와 막부를 섬기게 된 다이묘, 이와 반대는 후다이 다이묘譜代大名]였다. 그럼에도 불구하고, 쇼군가와 이중 삼중으로 걸친 혈연관계뿐만 아니라, 세계정세를 바라보는 탁월한 식견과 사쓰마번이 지닌 탄탄한 경제력 및 군사력, 그리고 아베 마사히로를 비롯해 막정을 주도하던 위정자들과의 친분 등을 바탕으로 막말 대혼돈기에 막정 진출을 시도하였다. 또한 그는 나중에 15대 쇼군이 된 히토쓰바시 요시노부를 14대 쇼군에 옹위하려던 히토쓰바시파의 일원으로 맹활약했다.

1858년 4월 이이 나오스케가 다이로에 취임하여 정국을 장악한 후, 일미 수호통상조약 체결, 14대 쇼군으로 요시토미 확정, 히토쓰바시파 처벌 등을 통해 그간 국정의 난맥상을 일거에 해결하려 들었다. 이는 막말 최대 사건의 하나인 '안세이 대옥'으로 이어졌고, 막부는 자신의 조치에 반발하는 세력에 결정타를 가하였다. 당시 나리아키라는 가고시마에 체재하는 바람에 그 화를 피할 수 있었다. 1858년 7월 8일, 나리아키라는 가고시마성하 남쪽의 조련장에서 군사훈련을 시찰한 후 대포 사격 시범을 관전하였다. 하지만 다음 날부터 이질로 심한 설사를 만나면서 건강이 악화되었고, 끝내 회복하지 못한 나리아키라는 7월 16일 새벽 사망하고 말았다. 향년 50세.

앞서 세 아들을 일찍 보낸 후 나리아키라에게는 4남 데쓰마루哲丸가 있었지만 아직 돌도 지나지 않은 처지라, 임종 직전에 이복동생 히사미쓰의 아들 다다노리忠德를 양자로 입적하였다. 다다노리는 번주직에 오르면서 쇼군 이에모치家茂의 '茂' 자를 받아 모치히사茂久로 개명하였다가, 막부가 붕괴된 이후는 다다요시忠義로 다시 개명하였다. 그가 바로 사쓰마번의 마지막 번주인 12대 시마즈 다다요시이다. 번주가 된 1858년 당시 다다요시의 나이 18세라, 당시 건재하던 할아버지 나리오키斉興가 번정의 후견을 맡았다. 그러나 이듬해 나리오키가 사망하자 친부인 히사미쓰가 후견인 역할을 하면서 번정의 실권을 장악하였다. 이후 히사미쓰는 망형 나리아키라의 유훈을 받든다는 명분으로 막말 정국에 적극 개입하게 된다.

히사미쓰는 1817년 사쓰마 10대 번주 나리오키斉興와 측실 오유라お由羅 사이에서 태어났으며, 그에게는 막말 최고의 명군이라 일컫던 8년 연상의 적장자 나리아키라가 있었다. 번주 자리를 놓고 각자의 지지자들 사이에 권력투쟁(오유라 소동)이 있었지만, 둘의 관계에는 큰 영향을 미치지 않았다. 아직 번내 권력 기반이 취약하였던 히사미쓰는 사이고 다카모리와 오쿠보 도시미치가 주축이 된 번내 하급 무사 집단인 성충조誠忠組를 자신의 권력 하부 기반으로 받아들이고, 문벌 위주의 상급 가신 집단으로는 고마쓰 다테와키와 같은 신진 관료층을 영입함으로써 번내 권력 구조를 완전히 개편하였다. 이러한 권력 기반을 바탕으로 1862년 1,000명의 병력을 이끌고 교토 상경을 결행하였다. 천황 칙령의 권위

에 힘입어 노중들에 의해 좌우되던 막부의 인사 개혁에 관여하기 위함이 었다.

그가 특히 중요시하였던 것은 한때 쇼군직을 놓고 현 쇼군과 경쟁한 히토쓰바시가一橋家의 당주 히토쓰바시 요시노부一橋慶喜[나중에 마지막 쇼군이 되는 도쿠가와 요시노부德川慶喜]와 전 에치젠越前 번주 마쓰다이라 슌가쿠松平春嶽를 막정에 참여시키는 것이었고, 자신 역시 막정에 참여할 기회를 엿보았다. 히사미쓰의 의도와는 달리 그의 상경에 호응하여 전국의 과격파 존왕지사들이 교토로 몰려들었다. 이들에 호응한 사쓰마번 출신의 존왕지사들을 자신의 거번일치 번시에 따르지 않는다는 이유를 들어 척결함으로써, 히사미쓰는 천황의 절대적인 지지까지 얻는 데 성공하였다. 더군다나 히사미쓰는 천황의 칙사를 호위하면서 에도로 가서는 천황의 권위와 자신의 무위를 바탕으로 막부를 압박한 결과 막정 인사 개입에 성공하였다. 그 결과 무관무위의 히사미쓰는 일약 정국의 핵심인사로 등장하였고, 이와 더불어 천황의 권위와 정치력도 한층 급부상하였다. 히사미쓰의 솔병상경은 정치 무대가 에도에서 교토로 옮아 오는 결정적인 계기가 되었고, 그 결과 막말 정국은 대혼돈 속으로 빠져들었다.

한때 조슈번의 지원하에 조정은 급진양이파 지사와 공경들이 장악하기도 하였으나, 1863년 사쓰마번과 아이즈번(교토수호직)의 연합 세력이 일으킨 8·18 정변이라는 궁정 쿠데타를 통해 양이파 세력은 물론 조슈번까지 패퇴시키는 데 성공하였다. 이후 히사미쓰는 1864년 참예회의를 주도하면서 정국 주도권 장악에 도전하였지만, 쇼군후견직 히토쓰바시 요시노부의 노련한 정치력에 참패하면서 좌절을 맛보고 말았다. 이 때의 좌절을 계기로 막부에 항거하는 자세를 견지하게 되었고, 혹시 있을 막부와의 무력 대결을 위해 사쓰마번의 부국강병에 몰두하였다. 또한 1866년 견원지간이었던 조슈와 삿초맹약薩長盟約을 맺으면서 항막抗幕 자세를 더욱 견지하였다. 이후 벌어진 제2차 조슈 정벌 전쟁 시에는 막부의 참여 요청을 거부하면서까지 조슈와의 연대를 유지하였다.

히사미쓰는 1867년 4후회의를 주도하면서 재차 막정 참여 기회를 엿보았지만, 또다시 쇼군 요시노부에 패퇴하고는 도막倒幕 나아가 토막討幕 노선으로 급변하였다. 도막과 토막은 같은 의미로 사용되기도 하지만, 도막은 군사 충돌을 회피하면서 에도 막부를 무너뜨리고 신정부를 수립하려는 정치 운동을 말하며, 여기에는 새로운 막부 수립도 포함될 수 있다. 한편, 토막은 무력 충돌도 불사하면서 에도 막부를 무너뜨려 새로운 정치체계를 수립하려는 정치 운동으로, 천황친정天皇親政까지 염두에 두는 것이다. 이후 히사미쓰는 족통으로 직접 참가할 수는 없었지만, 사쓰마번의 군사력을 바탕으로 한 반막부 세력이 왕정복고 쿠데타에 성공함으로써 260여 년 이어져 온 막부를 일거에 붕괴시키는 데 결정적인 기여를 하였다.

일반적으로 1865년 이후의 교토 정국이 사이고 다카모리와 오쿠보 도시미치에 의해 주도된 것으로 이해하고 있지만, 그들은 어디까지나 사쓰마의 일개 번사에 불과해 히사미쓰의 뜻에 반하는 행동을 하는 것은 원천적으로 불가능하였다. 또한 이들이 순간순간 독단적으로 판단해 행동한 듯 보이지만, 이 역시 치밀한 계획하에 이미 히사미쓰의 재가를 받

시마즈 히사미쓰의 묘지

았거나 사후 승인이 있어야 진행될 수 있었다는 점도 잊어서는 안 된다. 1867년 왕정복고 쿠데타 직전까지 사쓰마의 실세는 단연코 히사미쓰였다.

히사미쓰에게는 항상 암군暗君(어리석은 제후)이라는 수식어와 함께 스스로 '나는 언제쯤 쇼군이 되나?'라는 말을 하였다는 시대착오적 이미지가 늘 따라다닌다. 여기에는 히사미쓰 자신의 정치적 입장이 그 하나의 이유라 할 수 있다. 사실 메이지 신정부의 최고위직에 올라 근대화 추진의 상징이 된 오쿠보나 사이고라 할지라도 히사미쓰에게는 그저 한 명의 가신에 불과하였다. 또한 자신의 의도와는 달리 급속도로 서구화되어 가는 정부의 방침과 판적봉환, 폐번치현 등 번주의 모든 권리를 박탈해버리는 정책에는 결코 동의할 수 없었다. 따라서 신정부 정책에 대한 그의 태도는 늘 반항적이었기에, 일반인에게는 보수적·국수적 인물로 각인되었던 것이다. 그는 메이지 신정부가 들어서면서 자의 반 타의 반 권력에서 물러나 역사서 편찬 작업에 몰두하다가, 1887년 70세를 일기로 사망하였다.

그가 마지막까지 거주하던 저택은 태평양 전쟁 당시 공습으로 대부분 파괴되었고, 현재는 남아 있는 다실과 정원이 국가지정명승 '구시마즈씨 다마자토 저택 정원旧島津氏玉里邸庭園'으로 일반인에게 공개되고 있다. 그의 장례는 국장国葬으로 도쿄가 아닌 가고시마에서 치러졌고, 구마모토 진대熊本鎮台에서 의장대 1개 대대가 파견되었다. 히사미쓰는 번주가 아니기 때문에 번주들의 묘지인 후쿠쇼지福昌寺 묘역[고쿠료 고등학교 玉龍高等学校 인근]에 들어갈 수 없어, 바로 옆에 마련된 별도의 묘에 잠들어 있다. 시간이 허락한다면 다마자토 저택 정원이나 후쿠쇼지 묘역에 가 보는 것도 괜찮은 선택이다. 특히 후쿠쇼지 묘역에 있는 일본 최강의 무장군단 사쓰마의 번주들은 한때 시대를 호령했던 인물들이었지만, 그들의 묘소는 놀라우리만치 소박하다. 불교의 영향인지 무장의 전통인지 알 수 없으나, 그 담백함과 담담함에 여러 가지 생각이 들었다.

한편 왕정 쿠데타가 벌어진 1867년이면 시미즈 다다요시 역시 번주가 된 지 10년째이며, 이제 소년 번주의 티를 벗어난 어엿한 20대 후반의 청년이었다. 번주이지만 부친의 그늘에 가려 독자 행보를 할 수 없었던 다다요시의 불만, 그리고 그간 토막의 발톱을 숨기고 있던 사이고와 오쿠보에게 날개를 달아 준 히사미쓰의 부재라는 상황이 결합함으로써, 사이고를 비롯한 교토 수뇌부는 이전과는 달리 강경 토막 노선을 견지할 수 있었다. 실제로 사이고는 다다요시의 절대적인 신뢰하에 자신의 의도대로 토막을 향해 폭주할 수 있었다. 이에 비례해 히사미쓰의 영향력은 격감할 수밖에 없었던 것이다. 다다요시는 신정부하에서 요직을 맡았지만, 이후 큰 역할을 하지 못한 채 일생을 마쳤다.

메이지 유신에 대한 지식 없이 처음 가고시마를 여행하게 되면, 온통 메이지 유신 전후로 활약한 하급무사들 이야기로 점철된다. 하지만 막말의 대혼돈과 이후 메이지 신정부에 의한 근대화 과정을 구분할 수 있다면, 이 시기 그리고 이 지역의 이해에 큰 도움이 될 것이다. 사쓰마의 메이지 유신은 1867년을 정점으로 그 이전 히사미쓰의 시대와 그 이후 사이고와 오쿠보의 시대로 대별될 수 있다. 즉 1862년 무위무관의 히사미쓰가 전례 없는 솔병상경率兵上京을 단행함으로써 교토가 정치의 중심으로 부상하였고, 또한 히사미쓰가 그 교토 정국의 한 축을 담당하고 결국 막부를 붕괴시킬 때까지의 사쓰마, 한편으로는 사이고와 오쿠보가 왕정복고 쿠데타 이후 신정부의 주역으로 등장하고, 뒤이어 세이난 전쟁 이후 이 두 주역이 역사의 뒷무대로 사라지기까지의 사쓰마로 구분할 수 있다. 가고시마의 역사 그리고 지리 역시 준비한 만큼, 그래서 아는 만큼 보인다.

21
센간엔

센간엔仙巖園은 사쓰마번주의 별장 정원으로 과거 이곳 지명을 따 이소테이엔磯庭園이라고도 한다. 시마즈가 19대 당주이자 사쓰마 2대 번주 시마즈 미쓰히사島津光久 때 처음 건립되었다. 센간엔에서는 긴코만錦江湾을 사이에 두고 저 멀리 사쿠라지마桜島가 보이는데, 가히 가고시마 최고의 풍광이라 할 수 있다. 1848년 제11대 번주 시마즈 나리오키島津斉興가 해안을 따라 2ha가량을 매립하면서 정원을 재정비하였다. 폐번치현 이후인 1872년, 번주에서 중앙정부가 임명한 지번사로 지위가 바뀐 시마즈 다다요시島津忠義가 가고시마성에서 이곳으로 이주하기도 했다. 이후 시마즈가의 별장으로 이용되었는데, 1891년 가고시마를 방문한 러시아 황태자 니콜라이가 이곳에서 3일을 머무르기도 했다. 니콜라이는 나중에 러시아제국 마지막 황제가 된 니콜라이 2세로, 일본에 머문 후 블라디보스토크로 가서 시베리아횡단철도 착공식에 참가할 예정이었다.

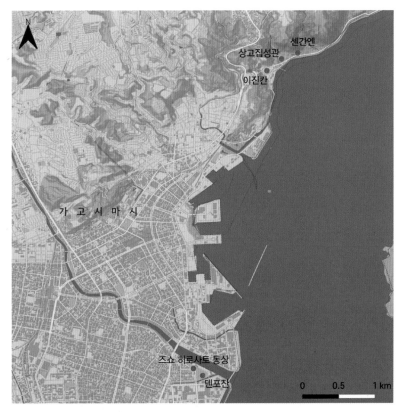

센간엔 지도

이곳 정원의 유명세가 더욱 높아진 것은 막말 최고의 개명 군주라 일컫

는 사쓰마 12대 번주인 시마즈 나리아키라가 일으켰던 집성관集成館 사

업 때문이다. 쇼군의 장인이자 난벽대명蘭癖大名(서양 문물과 과학에 흥

미가 깊은 다이묘)으로 유명한 사쓰마 8대 번주인 할아버지 시마즈 시게

히데島津重豪의 영향을 받아, 나리아키라 역시 서양 문물에 대한 관심이

남달랐다. 과거 시게히데 때 난벽과 방만한 재정 운영으로 사쓰마번이

극도의 재정위기를 맞았기 때문에, 나리아키라가 번주가 되면 다시 그럴

센간엔과 사쿠라지마

수 있다는 위기감에 나리아키라의 취임이 미루어졌다. 그가 11대 번주에 취임한 것은 42세가 된 1851년이었다. 그는 취임 후 부국강병과 식산흥업을 기치로 내걸고 번정 개혁에 착수하였다.

그는 오랫동안 품고 있었던 개혁 의지를 집성관 사업으로 실현하고자 했는데, 특히 제철, 조선, 방직 사업은 물론 대포 제작, 양식 범선 건조, 무기·화약 및 식품 제조까지 다방면에 걸친 공장군을 센간엔 근처에 세웠다. 1858년 나리아키라가 사망한 이후 이 사업은 다음 번주인 12대 다다요시와 국부 히사미쓰에게 이어져, 집성관 기계공장(현재의 상고집성관尚古集成館 건물)과 가고시마 방적공장으로 발전하였다. 센간엔 입구에 있는 상고집성관 본건물이 과거 기계공장이며 현재는 박물관으로 이용되고 있다. 이곳이 박물관으로 이용된 것은 1923년부터이며 1962년에 국가중요문화재로 지정되었다. 그 옆 별관은 1990년에 세워졌는데, 주로 기획전시실로 이용되고 있다.

한편 시내에서 출발해 센간엔에 다다르면, 길 오른편 아래쪽에 이진칸異人館(이인관)이라는 독특한 2층 건물이 나타난다. 이진칸은 막말, 메이지 시대에 일본에 거주하던 서구인의 주택이나 건물을 총칭하는 용어로, 일본 전역에서 볼 수 있다. 나가사키 여행 시 많이 들르는 구라바 저택旧グラバー邸 역시 이진칸의 하나이다. 1867년에 가고시마에는 일본 최초의 서양식 방적공장이 세워지며, 이곳에 초빙된 외국인 기술자들을 위한 건물이 같은 해 세워졌다. 정식 명칭은 구사쓰마방적소기사관旧鹿児島紡績所技師館이며 통칭 이진칸이라 불린다. 이곳 역시 국가중요문화재로 등록되어 있다. 2015년에는 혼슈 서남부와 규슈 전역에 펼쳐진 100년 전후

상고집성관

이진칸

(주로 메이지 시대)의 근대화 시설 및 공장이 '메이지 일본의 산업혁명 유산 제철·제강·조선·석탄 산업明治日本の産業革命遺産 製鉄·製鋼, 造船, 石炭産業'이란 긴 제목으로 세계문화유산에 등록되었다. 센간엔 안에 있는 반사로 유적, 과거 집성관 기계공장이던 상고집성관 그리고 이진칸 등이 '집성관 유적旧集成館'이란 항목으로 세계문화유산에 포함되어 있다.

잠시 이야기를 돌려 보자. 앞서 시마즈 시게히데 시절 재정위기를 극복하고 시마즈 나리아키라의 번정 개혁이 이루어지려면 막대한 재원이 마련되어야 한다. 1829년 당시 번의 부채는 500만 냥으로, 이자만 1년에 35만 냥을 부담하였는데, 당시 사쓰마번의 1년 예산은 단지 13만 냥에 불과하였다. 시게히데는 결국 번 재정의 혁신을 위해 새로운 인물을 발탁하지 않을 수 없었으니, 그가 바로 즈쇼 히로사토調所広郷이다. 만약 즈쇼의 재정 개혁이 성공하지 못했더라면, 막말에 시마즈 나리아키라의 막정 개입이나 사쓰마번 주도의 도막, 나아가 메이지 유신도 불가능하지 않았을까 짐작해 볼 수 있다.

즈쇼는 1776년 2월 5일 가고시마성하의 하급 사족인 가와사키 슈에몬川崎主右衛門의 2남으로 태어났으며, 1788년 12세에 즈쇼 세이에쓰調所清悦의 양자가 되었다. 즈쇼가의 가업은 번주에게 다도를 가르치는 다방주茶坊主였지만, 가격이 최하층인 어소생여御小姓与였기에 즈쇼는 어린 시절 빈한한 삶을 영위할 수밖에 없었다. 즈쇼는 1798년 나이 22세에, 은거해서 에도에 거주하고 있던 시게히데(8대 번주)의 다방주로 출사하였다. 이후 재능을 인정받아 승진을 거듭한 끝에 1824년에는 은거하고 있던 시게히데와 나리노부(9대 번주)의 재정출납관이 되었으며, 1825년에는 당시 번주인 나리오키(10대 번주)의 내정을 담당하는 측역側役으로, 1828년 52세의 나이에 마침내 재정 개혁을 전담 책임자로 발탁되었다.

1830년 당시 사쓰마번의 국정은 번주의 조부인 시게히데가 후견인으로서 장악하고 있던 시절이었기에, 시게히데는 즈쇼에게 다음과 같은 3가지 재정 개혁 명령을 내렸다.

1. 1831~1840년 10년 동안 50만 냥의 번 적립금을 마련하라.
2. 이외에 평시 및 비상시를 대비할 수 있도록 최대한 예비비를 적립하라.
3. 500만 냥의 차용증서를 돌려받아라.

이 명령은 1833년 시게히데의 사후에도 나리오키에게 승계되어 일관되게 추진되었다. 우선 즈쇼의 최우선 과제는 500만 냥에 이르는 번의 부채를 해결하는 것이었다. 사쓰마번의 석고가 72만 석이라 하지만 화산회토라 생산성이 극히 낮고 태풍, 화산 폭발 등 자연재해가 빈발해 실제 수확은 32만 석에 불과하였다. 그 결과 실제 번의 가용 예산은 13만 석에 불과하였다고 한다. 따라서 당시 500만 냥의 부채는 사쓰마번이 아무리 대번이라 할지라도 감당할 수 있는 수준이 아니었다. 1835년 즈쇼는 돈을 빌려주었던 상인들을 겁박하여 '250년 무이자 할부 상환'이라는 무지막지한 방편으로 돌파하였다. 겉으로는 할부 상환이라 하지만, 사실 떼먹는 것이라 상인들의 반발은 극에 달했다. 하지만 당시 쇼군의 장인 가문이라는 뒷배를 배경으로 즈쇼와 나리오키가 밀어붙였던 것이다.

1838년 가로로 승격된 즈쇼는 이 같은 재정 개혁 이외에 농정, 군정, 행정에도 손을 뻗쳐 사쓰마의 면모를 일신하였다. 즈쇼 개혁의 성공에는 4가지 중요한 요소가 발견된다. 그 하나는 시게히데와 나리오키로 이어진 20년 동안 번주들의 전폭적인 지지를 받았기에 장기적인 개혁 정책이 가능하였다는 점이다. 두 번째는 스스로가 하급 무사 출신이라 문벌을 가리지 않고 번의 경계를 넘어서면서까지 우수한 인재를 등용하면서 인적 조직을 강화하였다는 점이다. 세 번째는 횡포라고밖에 말할 수 없는 극단적인 방법을 동원해서라도 당면 과제인 채무 변제에 온 힘을 쏟았다는 사실이다.

　　마지막으로 흑설탕의 사례이다. 전매제를 실시해 농민들을 수탈한 측면도 있지만 생산과 유통 과정을 개선하고 상인의 개입을 차단함으로써 오히려 흑설탕의 품질 향상과 가격 상승을 이루었다. 이와 더불어 류큐를 통한 중국 재화의 중계무역과 밀무역을 강화하고, 옻나무와 닥나무 등 다양한 상품작물을 개발함으로써 많은 이익을 올릴 수 있었다. 이러한 재정 개혁 덕분에 1840년경에 이르면 번의 예비비는 무려 200만 냥가량 축적되었다고 한다. 바로 이 자금이 막말 나리아키라―히사미쓰―다다요시로 이어지는 번정 개혁의 주춧돌이 되었던 것이다. 이 모든 것을 가능하게 만든 즈쇼의 동상은 1863년 사쓰에이 전쟁薩英戰爭 때 사쓰마의 첫 포성이 울렸던 가고시마 해안가 덴포잔天保山 부근에 있다.

22
사이고·오쿠보·고마쓰

메이지 유신에 대해 무관심했거나 심지어 사이고 다카모리西鄉隆盛라는 인물에 대한 사전 정보가 전혀 없었던 여행객이라도, 일단 가고시마에 도착하면 이 도시, 나아가 일본 전역에서도 인정하는 무사도의 상징이자 메이지 유신의 영웅인 사이고 다카모리에 대한 이야기를 듣지 않을 수 없다. 사이고 다카모리와 오쿠보 도시미치를 비롯해 메이지의 군웅들이 태어난 곳은 가고시마주오역에서 얼마 떨어지지 않은 가지야초加治屋町에 있다. '역사의 길, 유신 본향의 거리歷史ロド, 維新ふるさとの道'를 지나거나 그 곁에 있는 가고시마시립 이신후루사토칸維新ふるさと館에서 메이지 유신에 관한 인형극이라도 본다면, 이 도시에서 그들의 위상을 단번에 알 수 있다. 게다가 시내 중심가를 지나다 거대한 사이고 다카모리의 동상을 보게 된다면 그 인상은 더욱 강렬해질 것이다. 2018년 메이지 유신 150주년을 맞아 방영되었던 NHK 일요 대하드라마 '세고돈西鄉どん'

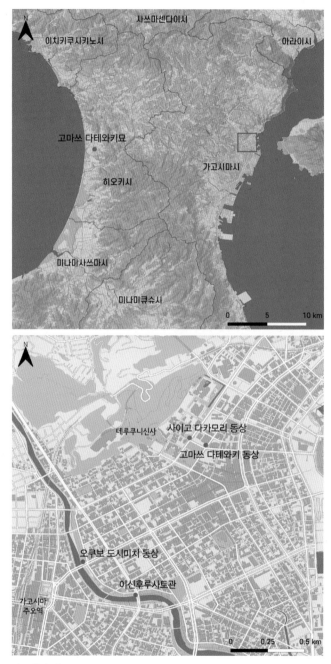

가고시마 지도

사이고 다카모리 동상   오쿠보 도시미치 동상

역시 그를 주인공으로 삼았다.

한편 사이고 다카모리의 친구이자 막말 대격변 그리고 메이지 신정부 탄생에 혁혁한 공을 세운 오쿠보 도시미치大久保利通의 동상은 가지야초 입구 대로변에 세워져 있으나 별다른 관심을 끄는 것 같지 않다. 수염과 머리를 길게 기르고 있는 그의 서양인 풍모도 이러한 무관심에 한몫을 한 것이 아닌가 생각해 보기도 했다. 각종 교과서 서술에 따르면, 메이지 유신의 성공에 기여한 최대 세력은 사쓰마번이고 그 주인공은 당연히 사이고 다카모리와 오쿠보 도시미치이다. 두 사람의 업적을 놓고 우열을 가늠하기란 쉽지 않지만, 하나의 아이러니는 고향 가고시마鹿児島에

서 오쿠보의 인기가 사이고에 비해 형편없다는 사실이다. 자신들이 힘겹게 이룩한 메이지 정부에 반란[세이난 전쟁西南戰爭(1877)]을 일으켜 가고시마를 폐허로 만들어 놓았을 뿐만 아니라 1만여 명의 젊은이들을 사지로 몰아넣었던 사이고에 비해, 정권 담당자로서 정부군을 동원해 이를 저지한 오쿠보의 인기가 극도로 낮다는 것이다. 오쿠보가 사쓰마(가고시마) 편을 들지 않고 오히려 고향 사람들을 탄압하였다는 측면에서 본다면 어쩌면 당연한 결과인지도 모르겠다.

사이고는 사쓰마 11대 번주인 시마즈 나리아키라에 발탁되어 막말 에도에서 다양한 정치공작에 관여하였고, 그것에 대한 막부의 추궁(이이 나오스케의 안세이 대옥)을 피하려고 아마미오시마奄美大島로 피신하였다(1858년 사이고의 첫 번째 유배). 이후 복권되어 시마즈 히사미쓰의 솔병상경에 참여하였지만, 독단적 행동에 대한 징벌로 이번에는 오키노에라부지마沖永良部島로 유배를 갔다(1862년 두 번째 유배). 혼돈의 교토 정국에서 젊은 가로 고마쓰 다테와키를 보좌할 인물이 필요하였고, 그렇다면 타번과 긴밀하게 연대할 수 있는 능력을 지닌 최적의 인물이 바로 사이고 다카모리라는 판단에 그의 두 번째 복귀가 이루어졌다. 이 시기는 대략 1864년 1월경인데, 당시 교토 정국을 주도하고 있던 히토쓰바시 요시노부(나중에 15대 쇼군이 된 도쿠가와 요시노부)의 정치력 앞에 히사미쓰가 자신의 정치적 미래를 어둡게 보기 시작할 무렵이다. 사이고는 군부역軍賦役과 어소납호두취御小納戸頭取에 임명되면서 고마쓰의 참모로서 막부, 조정, 제 번들과의 교섭 역할을 맡는 것과 동시에, 사태가 발생하면 번병을 지휘하는 역할까지 주어졌다.

오쿠보 도시미치는 하급 무사들의 결사체인 성충조의 리더로서 국부 시마즈 히사미쓰에게 발탁된 인물로, 사이고 다카모리와 함께 막말과 메이지 초기 격변의 시대를 헤쳐 나갔다. 또한 히사미쓰는 고마쓰 다테와키小松帯刀라는 젊은 번사를 발탁해 번 정치의 중심에 두고 상급 가신들과 성충조의 연대를 확립하면서, 이를 자신의 정치 활동 원동력으로 삼았다. 이후 고마쓰는 경이로운 출세 가도를 달렸는데, 1862년 12월에 번의 최고위직인 가로에 임명되었다. 그는 번의 사무 전 영역에서 책임자로 등용되면서, 실로 번의 군사, 외교, 재정, 산업, 교육 전반의 지휘 명령권을 갖게 되었다.

가고시마 중앙공원中央公園 맞은편 가고시마 중앙공민관中央公民館 앞에는 1993년에 세워진 고마쓰 다테와키의 등신상이 서 있다. 이 등신상 명문銘文에는 15대 쇼군 도쿠가와 요시노부德川慶喜가 교토 니조성二条城에 다이묘나 다이묘 대리인들을 불러 놓고 대정봉환에 대한 의향을 물었을 때, 고마쓰가 찬성한다는 의사를 표시함과 동시에 가장 먼저 붓을 들어 서명하는 모습을 형상화한 것이라는 설명이 적혀 있다. 그는 정면에 있는 사이고가 아니라 자신의 주군인 히사미쓰와 다다요시의 동상이 있는 데루쿠니 신사를 향해 비스듬히 서 있다. 나는 가고시마 시내에서는 대개 전차나 버스를 이용하지만, 일행이 있거나 바쁠 경우 택시를 타기도 한다. 택시를 타고 중앙공원으로 가자고 하면, 의례 사이고 다카모리 동상 앞에 세워 드릴까요 하고 택시기사는 되묻는다. 외지인이나 외국인은 응당 그곳을 찾을 것이라 지레짐작하기 때문이다. 하지만 난 언제나 고마쓰 다테와키 동상 앞에 세워달라고 한다. 그래야 뭔가 있어 보

고마쓰 다테와키 동상

일 것 같은 착각 때문이다.

막말 교토의 중앙 정국에서 히사미쓰—고마쓰—사이고·오쿠보라는 사쓰마의 명령 계통은 막말 최후까지 이어졌다. 간혹 고마쓰가 귀국할 경우, 고마쓰의 대리 역할을 사이고나 오쿠보가 맡기도 하였다. 고마쓰는 수석 가로로서 번의 부국강병을 위한 개혁 작업까지 진두지휘하고 있었기에, 교토와 가고시마를 끊임없이 왕복해야 했다. 이로 인해 막말 최종기 사쓰마의 교토 정국 운영을 마치 사이고나 오쿠보가 주도하였다는 오해가 생겨날 소지가 있으나, 이 위계가 흐트러졌던 경우는 결코 없었다. 한 가지 예로 막말 정국의 분기점이라 일컫는 사쓰마와 조슈 간의 삿초 맹약이 체결된 곳은 교토에 있던 고마쓰의 저택이었다. 그리고 조슈 측 책임자인 가쓰라 고고로(사이고, 오쿠보와 더불어 유신 3걸의 하나이며, 기도 다카요시로도 알려져 있다)의 상대역 역시 수석 가로 고마쓰 다테와키였다.

고마쓰는 족통足痛으로 왕정복고 쿠데타에는 직접 가담하지 못했지만 1868년 1월에 상경하여, 국정을 담당하는 최고 부서인 태정관의 외국사무담당관外国事務掛과 총재국 고문직을 맡아 신정부에서 큰 역할을 할 것으로 기대되었다. 이후 번정 개혁을 위해 잠시 가고시마로 귀국했으나 병이 악화되어, 1870년 1월 7일 치료차 오사카로 가서는 얼마 지나지 않은 1월 18일에 사망하였다. 만 35세. 처음 장례는 오사카에서 치러졌으나, 그 후 가고시마로 이장하여 현재는 자신의 과거 영지였던 요시토시吉利[현 가고시마현 히오키시日置市 요시토시]에 있는 청정산 원림사 터清浄山園林寺跡 내 고마쓰가의 묘지에 모셔져 있다. 2018년 방문 당시, 그의 단아하고 소박한 성품처럼 묘비에 아무런 장식도 없어 자그마한 안내판이 없었다면 찾을 수도 없을 정도였다.

하급 정신(조정 신하)인 이와쿠라 도모미岩倉具視의 기획하에 사쓰마, 조슈, 히로시마의 무력을 바탕으로 왕정복고 쿠데타에 성공함으로써 260여 년 이어온 도쿠가와 막부는 사라졌다. 이에 사이고와 오쿠보가 혁혁한 공을 세웠음을 말할 나위도 없다. 신정부군과 구막부군이 처음 맞붙은 도바·후시미 전투鳥羽·伏見の戦い에서 금기錦旗를 앞세운 신정부

군 앞에 구막부군은 패퇴를 거듭하였고, 예상치 못한 쇼군 요시노부의 오사카성 탈주는 이미 이 전쟁이 끝났음을 예견해 주었다. 쇼군 요시노부 측 가쓰 가이슈勝海舟와 사이고의 담판으로 에도 무혈입성이 성사되었고, 오우에쓰 열번동맹奧羽越列藩同盟이 결성되면서 도호쿠 지방에서 구막부군 잔당들의 최후 저항이 이어졌지만 모두 패퇴하고 말았다. 이후 구막부 패주군과 구막부 해군이 연합하여 홋카이도로 도주하였고, 그곳에서 에조공화국蝦夷共和国을 세우는 등 분전하였다. 하지만 1869년 5월 18일 하코다테의 고료카쿠五稜郭에서 공화국 총재 에노모토 다케아키榎本武揚가 신정부군 참모 구로다 기요타카黑田清隆에게 항복함으로써 구막부 세력은 완전히 사라졌다.

이후 판적봉환版籍奉還, 폐번치현廢藩置県 등으로 다이묘와 무사들이 가지고 있던 모든 특권이 폐지됨에 따라, 일본은 마침내 봉건제후 국가에서 중앙집권 국가로 일신하였다. 또한 사쓰마의 보신전쟁 개선병을 기반으로 황궁 호위를 위한 어친병이 설치되었고, 도쿄, 오사카, 구마모토, 센다이에 4개의 진대가 주둔하면서 지방 치안도 확립되었다. 일단 정국이 안정되자 메이지 신정부는 1871년에 이와쿠라 도모미를 정사로 하는 사절단을 파견해, 불평등조약의 개선과 서구의 문물 견학에 힘썼다. 이때 오쿠보, 기도 다카요시, 이토 히로부미 등이 사절단 일원으로 참가하였으며, 사이고는 남아 유수 정부留守政府를 이끌었다. 1년 9개월이란 기간 동안 소학교 의무교육을 핵심으로 하는 학제(1872년)가 반포되었고, 징병제(1873년)를 실시해 무가 전통의 군대에서 근대적 상비군제로 변모하였다. 또한 같은 해 지조개정을 실시해 근대적 토지소유제와 조세제도도 마련할 수 있었다.

사절단 귀국 후 정국 주도권을 놓고 사이고와 오쿠보 사이에 정한론
征韓論 정변이 일어났고, 패배한 사이고는 사임하고는 가고시마로 귀향
하였다. 오쿠보가 주도하는 메이지 신정부 앞에는 국내 현안뿐만 아니
라 대외 문제도 산적해 있었다. 우선 1871년에 청국과의 근대적 조약인
일청수호조규를 체결하였고, 1874년에는 대만 출병을 계기로 오키나와
의 영유권을 완전히 확보하면서 1879년에 오키나와를 복속하였다. 한
편 1855년 일러화친조약 이후 쿠릴 열도의 경우 북방 4개 도서(이투루프
섬과 우루프섬 사이를 경계로 그 남쪽의 섬들)를 일본 영토로 하고, 사할
린은 '양국 공동의 영토로 양 국민의 자유 왕래를 보장'하는 소위 '잡거'
상태를 유지하고 있었다. 그러나 1875년 사할린-쿠릴 열도 교환조약이
체결되면서, 러시아와의 국경이 획정되었다. 또한 1875년 강화도 사건,
1876년 조일수호조규에 따라 조일 간 국교를 수립하였는데, 그 이면에는
조청 간 속국 관계를 청산할 목적도 있었다. 이로써 새로이 들어선 메이
지 신정부는 주변국과의 관계를 일신했다.

정한론 정변으로 하야한 참의들 일부는 자유민권운동으로 전환하면서
일본의 민주주의 정착에 일조한 반면, 일부는 불만 사족들과 부화뇌동하
면서 사족 반란士族反乱을 일으켰다. 1874년 에토 신페이江藤新平가 주동
이 된 사가의 난佐賀の乱을 시작으로, 메이지 혁명에 혁혁한 공을 세웠던
서남웅번에서 사족 반란이 들불처럼 번졌다. 물론 신정부군이 이 모두를
제압함으로써 새로이 들어선 국가의 위상을 확립하는 데 크게 일조하였
다. 하지만 신정부로서 가장 두통거리였던 사쓰마에서 마침내 사족 반란

이 일어났다. 사쓰마로 귀향한 사이고 다카모리를 중심으로 반란이 일어났으니, 1877년의 세이난 전쟁西南戰爭이 바로 그것이었다. 사이고의 반란군은 근대식 무기로 무장한 모병제의 신정부군에 상대가 되지 못했고, 가고시마 시로야마城山에서 벌어진 마지막 전투에서 사이고가 자결함으로써 몇 년간 이어져 온 사족 반란도 막을 내렸다.

사이고는 전쟁에 패해 자결하였지만, 오쿠보는 그 이듬해인 1878년에 암살당하였다. 11년 후인 1889년 메이지 헌법이 발효되면서 사이고는 사면을 받았다. 1898년 도쿄 우에노 공원에 사이고의 동상이 세워지는데, 고향 가고시마에는 이보다 늦은 1937년에 세워진다. 하지만 오쿠보의 동상은 이보다 훨씬 늦은 1979년에야 가고시마에 세워졌다. 이처럼 메이지 유신에서 차지하는 사이고의 상징성은 상상 그 이상인데, 할리우드 영화 〈라스트 사무라이〉에서 그를 주인공으로 등장시킨 것도 세인들이 메이지 유신을 바라보는 또 다른 일면이라 생각한다. 1,000편에 가까운 전기와 평전이 간행되면서 이미 성인, 신화 수준에 이른 사이고에 대한 과도한 평가는 그의 진면목뿐만 아니라 메이지 유신에 대한 객관적 평가마저 혼돈에 빠뜨리고 있다.

700년 사쓰마의 역사는 공교롭게도 자신들이 무너뜨린 막부의 운명과 함께한 꼴이 되었다. 하지만 히사미쓰를 비롯한 사쓰마 무사들은 결코 일본은 식민지가 되어서는 안 되며, 기존의 막번 체제로는 식민지로의 나락에서 벗어날 수 없다고 판단하였다. 그렇게 10년도 채 되지 않은 기간 동안 번의 모든 역량을 동원해 총력으로 매진한 결과, 그들은 막부를 무너뜨리고 천황 주도의 중앙집권 국가라는 신체제를 탄생시킬 수 있었다. 물론 새로 만들어진 일본이 과연 그들이 원한 것과 얼마나 일치하였는가는 알 수 없다. 이후 일본은 급속한 근대화에는 성공하였으나, 한동안 전쟁만 해대는 끔찍한 나라로 변모하였다.

23
히라타 공원

    가고시마성[쓰루마루성鶴丸城이라고도 한다] 정문御楼門으로 들어가면 맞은편에 가고시마현 역사자료 센터인 레이메이칸黎明館이 나온다. 레이메이칸을 뒤로 하고 왼편 문을 나서면 바로 옆에 사쓰마의사비薩摩義士碑가 나온다. 여기서 사쓰마의사란 1754년 삼천분류공사三川分流工事 혹은 木曽川治水工事, 宝暦治水에 참여하였다가 숨진 사쓰마번사들을 말한다. 이 공사는 막부의 명령에 따른 공사로 이 같은 공사를 어수전보청御手伝普請이라 하는데, 도요토미 히데요시 집권 당시 오사카성 축성이 그 시원이다. 도쿠가와 막부는 축성 이외에 사찰이나 조정 등의 조영과 수리, 대규모 하천 개수공사에도 전국의 다이묘들을 동원하였다. 이러한 토목사업 중에서 가장 어려운 공사이자 막대한 비용이 드는 하천 개수공사를 사쓰마번에 위탁하였고, 그것이 시작된 것은 1754년이며 1755년에 완공되었다. 여기서 삼천이란 현재 나고야시가 위치한 노비평야濃尾平野

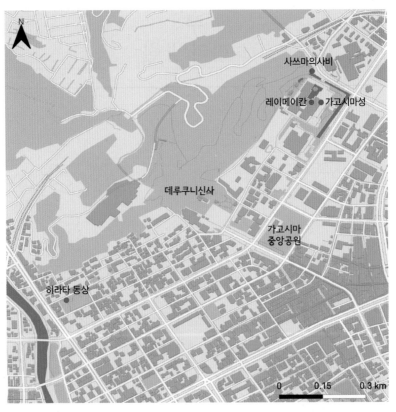

히라타 공원 지도

를 관류하는 기소산센木曽三川, 즉 기소천木曽川, 나가라천長良川, 이비천揖斐川 등 세 하천을 가리킨다. 당시는 9대 쇼군 이에시게家重의 시대이자, 사쓰마 7대 번주인 시게토시重年의 시대였다.

막부의 명령을 받자마자 사쓰마번은 중신회의를 열어 재정 담당 가로家老(번의 최고위직)인 히라타 유키에平田靱負를 총감독, 오메쓰케大目付(번의 최고 감찰직) 이주인 주조二集院十蔵를 부감독으로 임명하였고, 사쓰마에서 750명 그리고 에도에서 200명의 사쓰마 무사를 파견하였다.

공원 내 히라타 동상

이외에도 현지에서 750명을 더 고용해야 했으나, 막부에서 파견된 역인
役人(공무원)은 겨우 40명이고, 현지 역인도 32명에 불과하였다. 물론 현
장에서 요구되는 토목사업 경비 대부분이 사쓰마의 몫이라, 이 사업은
270여 개 번 중에서 두 번째로 큰 사쓰마번이라 해도 인적으로나 물적으
로나 크나큰 부담이 아닐 수 없었다. 당시 사쓰마번의 재정 상태는 극도
로 열악하였다. 게다가 공사 구간이 넓어 여러 번들의 이해가 상충되는
데다가 공사마저 난공사라 총감독 히라타는 처음부터 난관에 빠졌다.

우선 사쓰마에서 파견된 무사들은 치수공사에 전문 지식을 갖추지 않은 일반인이라, '3개의 하천을 완전히 나눌 것인지?', '제방에 수운을 위한 시설을 할 것인지?' 등 기본적인 사항마저 결정할 수 없을 정도였다. 두 번째 난관은 막부 측의 홍수 대책 체계가 에도에서 파견된 일반 역인, 홍수 전문가水行奉行, 제방 전문가堤坊役人 등으로 나누어지면서, 막부 측 지시가 번번이 달라지는 문제가 발생하였다. 세 번째는 자금이었다. 처음 막부의 재정 담당자에게 문의한 결과 비용은 10만 냥, 많아도 14~15만 냥이면 될 것이라 하였기에 우선 그 자금을 구하느라 동분서주해야만 하였다. 이후 동원된 연인원은 모두 140만 명으로, 이 비용까지 포함하면서 예산은 40만 냥으로 증액되었다. 이는 당시 사쓰마번 1년 예산의 두 배가 넘는 거액이었다. 히라타는 대출을 꺼리는 상인에게 흑설탕 전매권을 주면서 22만 냥을 빌리는 데 성공하였다. 그러고는 번사들에게 기부를 강요하고, 주민들에게는 인두세, 우마세, 선박세 등을 물리면서 15만 냥을 조달할 수 있었다. 마지막은 거대한 석재를 배에 싣고 운반하는 문제였다.

결국 이러한 난관을 극복하고 1년 반 만에 공사가 완료되었다. 총감독 히라타 유키에는 공사가 종료된 지 이틀 후 사쓰마 본국에 현지 상황을 보고한 뒤 다음날 자살하였다. 막대한 부채, 많은 인명 희생, 본국 인민들 혹사, 특히 '흑설탕 지옥'이라 불릴 정도로 설탕 증산을 위해 아마미 군도奄美群島 주민들을 혹사시킨 데 대한 모든 책임을 지고 스스로 목숨을 거두고 말았다.

나는 이 현장을 찾아간 적이 있다. 2022년 12월 중순 가고시마에서의

일정을 마치고 신칸센을 이용해 나고야名古屋로 향했다. 일본 전 지역 JR 패스로 기차비 걱정 없이 가고 싶은 곳 어디라도 즉석에서 가는 것이 내가 일본을 여행하는 방법이다. 나고야에 도착해 하루를 묵은 후 나고야 역에서 간사이 본선関西本線 쾌속열차로 20여 분 가면 구와나역桑名駅에 도착하고, 여기서 요로선養老線으로 갈아타고 네 번째 역 다도역多度駅에서 내렸다. 처음 계획은 택시로 갈 예정이었으나 택시 회사에 전화를 걸었더니 1시간 이상 기다려야 한다기에 걷기로 하였다. 삼각주 지역이라 겨울철 댓바람을 막아 줄 만한 것이라고는 하나도 없어 추위에 떨며 무려 1시간 반을 걸어 목적지 기소산센공원센터木曽三川公園センタ에 도착할 수 있었다. 여기서 듣고 확인한 삼각주 지역 홍수방지책의 기본적인

나고야 기소산센공원 내 치수신사

원리는, 하중도 하류부 말단에서 하류 쪽으로 기다랗게 제방을 쌓아 하중도 양쪽에서 들어오는 지류가 가급적 하류 쪽 멀리서 만나 급작스러운 수위 상승을 막는 것이었다.

공원 옆에는 당시 희생된 사쓰마번사들을 기리는 치수신사治水神社와 사쓰마의사동상薩摩義士像이 세워져 있어 잠시 들렀다. 오던 길을 다시 1시간 반 걸어 처음 도착한 다도역에서 다시금 요로선을 타고 고마노역駒野駅에 내려 버스와 택시를 갈아타면서 사쓰마의사 역관터薩摩義士役館址에도 다녀왔다. 과거 이 보청사업에 참가한 사쓰마번사의 숙소가 있던 곳으로, 이곳에도 어김없이 히라타의 동상이 세워져 있었다. 외지인이라 할지라도 오랜 인연과 감사의 마음을 잊지 않고 기념하는 모습이 인상적이었다. 현장에 가 보니 예측한 대로 인터넷에서 볼 수 있는 몇몇 기념물 이외에 별것이 없었다. 돌이켜 보면 무모하리 만치 힘겹고 비효율적인 여행이었지만, 지리학에 바탕을 둔 역사 이야기꾼의 숙명이라 생각하고 기쁜 마음으로 숙소로 돌아온 기억이 난다.

2023년 6월 가고시마를 찾은 적이 있다. 사쓰마의사비 앞에 사쓰마의사 위령제가 히라타 공원平田公園(히라타 유키에를 기념하는 공원으로 이곳에 그의 동상이 세워져 있다)에서 열린다는 깃발 수십 개가 펄럭이고 있었다. 마침 다음 날이라 그 현장을 찾았다. 생각보다 행사 규모가 컸지만, 무엇보다 인상적이었던 것은 보력치수宝歴治水 사적보존회와 같은 관련 단체들뿐만 아니라 기후현岐阜県 지사, 구와나시桑名市 시장, 가이즈시海津市 시장 등등 당시 실제로 도움을 받았던 지방단체의 장들이 참가하거나 화환을 보내 왔다는 사실이다. 200년도 더 지난 21세기에 와서

：사쓰마의사비
：사쓰마의사 위령제(2023년 6월)

당시의 일을 기념하고 사의를 표하는 것은 이들이 경제적으로 여유만 있다고 할 수 있는 일이 아님을, 한편으로는 무서운 나라임을 다시금 절감하였다.

24
사쓰마번 영국유학생기념관

맹렬하게 분화하고 있는 사쿠라지마가 있다고 해도, 260여 년 지속된 막부를 쓰러뜨린 사쓰마번의 기억이 있다고 해도, 지금의 가고시마는 수도 도쿄에서 가장 멀리 떨어진 변방의 현일 뿐이다. 바로 이곳에 극과 극의 공간이 상존하고 있다. 서로 아무 연관도 없을 것 같은 두 곳의 기념관에서 지난 150여 년간 일본 근대화 과정의 한 단면을 확인할 수 있다. 두 곳 모두 일본의 젊은이들을 밖으로 내보낸 곳이지만, 하나는 배움을 향해, 다른 하나는 죽음을 향해 나아간 것이다. 즉 한 곳은 사쓰마, 나아가 일본의 미래를 위해 사쓰마의 젊은이들이 유학을 떠난 것을 기념해 출항지 부근에 설립한 사쓰마번 박물관 영국유학생기념관薩摩藩英国留学生記念館이다. 다른 한 곳은 태평양 전쟁 말기 패전을 앞두고 전투기를 이용한 자살특공대의 발진 기지였던 곳에 세워진 지란특공평화회관知覧特攻平和会館이다. 이 두 이야기를 이 절과 다음 절에서 이어가고자 한다.

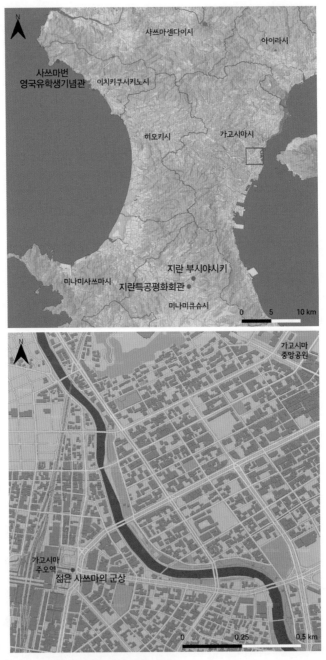

사쓰마번 영국유학생기념관과 지란특공평화회관

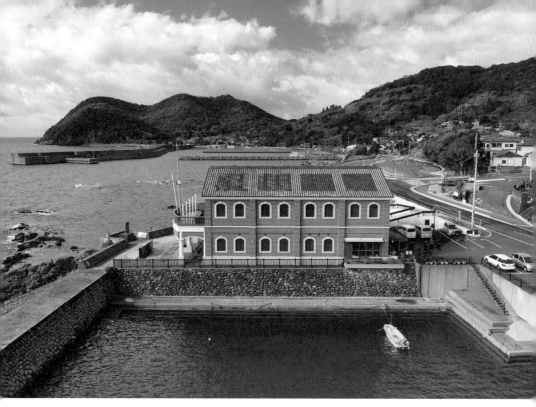

사쓰마번 영국유학생기념관

영국유학생기념관은 1865년 사쓰마번이 막부의 감시를 뚫고 영국에 유학생을 파견한 것을 기념하는 공간이다. 가고시마주오역鹿児島中央駅에서 1시간 남짓 로컬 기차를 타고 서쪽으로 가면 구시키노역串木野駅에 도착하고, 거기서 택시를 타야 한다. 기념관이 있는 하시마羽島(이곳에서 유학생 출항)까지 가는 노선버스가 있기는 하지만 출퇴근 시간만 운영되어 여행객이 이용하기에는 불편하다. 택시비가 비싼 일본이라 제법 많은 출혈을 감수하고 도착하였는데, 붉은 벽돌로 된 2층 건물이 해안가에 우뚝 서 있고 주변과는 조금 동떨어진 분위기를 자아낸다. 동영상 자료도 보고 1층 전시물에 이어 2층 전시물을 보는데, 옆에 한 안내인이 다가선다. 60세 전후의 여자 안내원인데. 나의 일본어보다 그녀의 영어가 더 나았다. 안내원이 되면서 영어 공부를 더 열심히 하고 있다고 하였다. 당시 막부 이외에는 해외 도항이 금지된 시절이라, 유학생들의 이름도 바꾸고 아마미오시마 등지로 출장을 보낸다며 가짜 명령서까지 발부하면서 유학을 보냈다. 유학생들은 이곳 벽촌에서 두 달가량 거주하면서 유학을 위한 각종 준비를 하였다고 설명해 주었다.

유학생을 파견할 즈음의 사쓰마 실상에 대해 잠시 소개해 보고자 한다. 이는 부국강병 정책과 유학생 파견사업이 직간접적으로 연계되어 있음을 알 수 있게 해 주기 때문이다. 1863년 사쓰에이 전쟁 직후 영국과의 강화는 국부 시마즈 히사미쓰의 교토 외유 중에 진행되었다. 영국과의 강화회의 결과, 1863년 11월 1일에 배상금 2만 5,000파운드(금 6만 333냥)를 지불하는 것으로 원만하게 타결되었고, 그 대금은 막부로부터 빌려 지불하였다. 물론 그 차입금을 나중에 갚지 않았으며, 범인의 색출 역시 약속으로 끝났다. 사쓰에이 전쟁의 후유증은 막심해, 그 피해 복구와 새로운 군비 확충을 위해 많은 노력과 투자가 절실하였다. 또한 장차 있을 수 있는 조슈와의 대결 및 국내 정변 등을 대비해 새로운 군제 개혁이 요구되었다. 그뿐만 아니라 산업화와 근대식 교육 그리고 유학생 파견 등에도 심혈을 기울이면서 번정 개혁 사업도 추진해야 했다.

히사미쓰는 귀국 후 사쓰에이 전쟁으로 황폐화된 시가지와 군사력 복구에 매진하였다. 사쓰에이 전쟁 당시 영국군 무장의 위력에 압도되었음을 자각하고는, 이제까지의 구식 총포 대신 후장식 소총과 장거리 사격이 가능한 암스트롱 포의 구입에 나섰다. 실제로 사쓰에이 전쟁으로 반사로를 제외한 거의 모든 시설이 파괴되었을 뿐만 아니라, 무기의 경우 짧은 시일 내 서구의 수준을 따라잡을 수 없다는 판단에 따라, 자체 개발보다는 구입 쪽으로 선회하였다. 어쩌면 향후 벌어질 내란 등에 대비해 하루라도 빨리 군사력을 강화할 필요성을 인식하였다고 볼 수 있다.

이전에 구입한 증기선 4척은 사쓰에이 전쟁 때 모두 침몰해 버려 새로운 증기선의 구입이 절실한 상태였다. 영국 측과의 강화 때부터 증기선 구입을 요청하였으며, 1864~1865년 2년 동안 사쓰마는 11척의 증기선(그중 1척은 정식 군함)을 구입하였다. 이는 다른 번들뿐만 아니라 막부의 증기선 구입에 비해서도 더 많은 양이었다. 정국의 중심인 교토와 에도에서 가장 멀리 떨어진 사쓰마로서는 신속하게 물자와 병력을 수송해야만 하였기에, 해군력 증강은 필수적이었다. 그 후 사쓰마는 증기선 구입보다 총포 구입에 매진한 반면, 막부의 경우 1865년 이후(특히 제2차 조슈 정벌 전쟁에서 패배한 이후) 프랑스와 영국의 협조를 받아 무기 및 함선 구입뿐만 아니라 육해군의 조련, 나아가 조선소 건설에 이르기까지 군사력 강화에 총력을 기울였다.

사쓰마는 나리아키라 이래 서구의 과학기술을 도입해 무기, 기계, 조선 등을 자립할 목적으로 집성관集成館이라는 종합기계공작소를 건설한 바 있었다. 사쓰에이 전쟁으로 파괴된 집성관을 복구하기 위해 나가사키 제철소에서 기술자를 초빙하였고, 그 결과 1864년 10월부터는 25마력 크기의 증기기관과 서양식 공작기계를 갖춘 기계공장이 가동되기 시작하였다. 이후 주변에 많은 공장들이 세워지면서, 집성관은 과거에 비해 더 훌륭한 시설로 재건될 수 있었다. 이 기계공장은 우리가 가고시마 여행

젊은 사쓰마의 군상

때 꼭 들르는 센간엔仙巖園 옆 상고집성관尙古集成館 본관(중요문화재)이다. 이 공장은 1861년부터 계획되었다고 하는데, 이때는 히사미쓰가 권력을 장악한 시기와 일치한다. 따라서 히사미쓰는 이복형 나리아키라의 정치적 유업을 이어받았을 뿐만 아니라, 그의 과학기술 입국 기조도 이어받았다.

한편, 1864년 육해군 여러 학과의 교육기관으로서 개성소開成所라는 양학교를 개설하였는데, 여기서는 해군 포술, 병법, 축성, 측량, 항해, 조

선 등을 가르쳤다. 이어 1865년에는 개성소 학생들을 중심으로 15명의 유학생과 4명의 인솔자로 구성된 영국 유학단이 파견되었다. 당시는 해외 도항이 금지된 시절이라 밀항을 할 수밖에 없었다. 유학단 파견은 강화회담으로 영국 측과 가까워진 것이 계기가 되었으며, 무기 및 함선 구입 등을 알선한 나가사키 중개상 토머스 글러버Thomas Glover의 도움을 받아 실행에 옮길 수 있었다. 가고시마주오역 앞에는 당시 유학길을 떠난 19명을 기념해 '젊은 사쓰마의 군상若き薩摩の群像'이라는 동상이 세워져 있는데, 이들을 '사쓰마 스튜던트'라 부르기도 한다. 가고시마를 방문할 때마다 이 동상을 보았지만, 기념관을 다녀오면서 바라본 동상은 또 다른 의미로 다가왔다. 막말 대혼돈의 절정이던 1865년, 보낼 수 있었고 떠날 수 있었던 그들의 용단과 용기가 부러워졌다.

2024년 1월에 다시 이곳을 찾았다. 사실 교통도 불편하고 더 이상 확인할 것이 없어 이제 다시는 이곳을 찾을 것 같지 않았다. 하지만 '안 가본 곳은 있어도, 한 번만 가본 곳은 없다'라는 머리글의 이야기를 증명이라도 하듯이, 1년이 조금 지나 다시 이곳을 찾았다. 공동저자인 탁한명 박사가 이곳만은 꼭 한번 방문하고 싶고, 드론을 이용해 바다 쪽에서 건물 사진을 찍고 싶어 했기 때문이다. 지난번과는 달리 이번에는 렌터카를 이용해 움직였기에, 너무나 쉽게 도착할 수 있었다. 당시 안내원은 이번에도 반갑게 맞아 주었다.

처음 다녀와서 궁금했던 것을 안내원에게 물었다. 이 유학생들의 유학 비용을 누가 부담했냐고. 내 상상력으로는 당연히 글러버나 영국 당국이 부담했을 것이라는 답변이 돌아오길 기대했다. 하지만 그녀는 사쓰마

번이 전적으로 부담했다고 단호하게 답했다. 사쓰마가 글러버에게, 다시
글러버가 영국 유학생들에게 전달했다고. 난 더 이상 따지지 않았다. 그
녀 역시 한 발짝 물러서더니, 자신이 지금껏 확인한 결과 유학비용 부담
에 관한 기사를 본 적은 없지만 당시 국제 정세나 사쓰마의 재정 상태로
판단해 보면 당연히 사쓰마가 부담했을 것으로 생각한다고.

25
지란특공평화회관

앞 장에 이어 두 번째 이야기는 지란특공평화회관知覽特攻平和会館에 관한 것이다. 가고시마주오역 앞 버스 정류소에서 버스로 1시간 반가량 가면 지란知覽이라는 작은 마을이 나온다. 기차를 타고 다시 버스를 타는 방법도 있으나, 버스로 곧장 가는 것이 편리하니 이 방법을 추천한다. 대부분의 작은 도시 역 앞에는 우리로 치자면 시내 및 시외 버스정류장이 있고 당연히 관광안내소도 있으니, 여기 가면 버스 여행에 관해서는 모든 걸 해결할 수 있다. 한참을 달리다 특공평화회관 앞 정류소에 내리면, 대규모의 주차장에 전국 각지에서 온 관광버스와 승용차가 세워져 있고, 관광지에서 흔히 볼 수 있는 식당가와 기념품 가게들이 늘어서 있다.

넓고 평탄하며 한적한 고원지대인 이곳에 1941년 일본 육군항공대 훈련소가 세워진다. 1941년 12월 7일 하와이 진주만 침공 후 태평양 전선 곳곳에서 선전하던 일본군은 1945년 4월이 되자 미군에 오키나와를 공

지란특공평화회관

격당할 정도로 수세에 몰렸다. 이에 지란의 육군항공대 훈련소는 자살특
공대의 발진 기지로 바뀐다. 이곳 지란은 가고시마시 남쪽에 위치해 이
륙하자마자 곧장 태평양으로 날아갈 수 있는 유리한 입지를 갖춘 곳이기
도 했다. 실제로 오키나와를 방어하기 위해 1,000명 이상의 조종사가 자
살특공으로 죽었는데, 그 절반가량이 이곳에서 출격하였다고 한다. 당시
특공 조종사 나이는 17~32세로, 평균 나이가 21.6세인 앳된 젊은이들이
었다.

  자살특공이 전투기와 조종사의 부족에 따른 궁여지책이라고 변명해
볼 수 있을 것이다. 아무리 충효·애국·순국·희생·산화 등등 온갖 미사
여구로 분식하더라도, 결국 자신들의 젊은이들을 죽음의 굿판으로 내
몬 일본 군국주의의 정신병적 퇴폐성만이 뚜렷이 드러날 뿐이다. 그들

은 자신들의 자식이자 미래였다. 그렇다고 다른 시대, 다른 장소의 전쟁이 이 전쟁과 얼마나 달랐을까? 전쟁을 아무리 저주하거나 미화해도 전쟁의 본질은 사라지지 않는다. 우리는 수차례 세계대전과 한국전쟁, 베트남 전쟁을 경험했음에도 여기로부터 아무런 교훈도 얻지 못했다. 젤렌스키가 슈퍼맨처럼 등장하지 않고 고도의 외교술로 강화를 할 수 있었다면, 수많은 우크라이나와 러시아의 젊은이들은 무사하였을 수도 있었을 텐데라고 이야기할 수는 있다. 그러나 인류사가 전쟁사였던 것도 부정할 수 없다. 결국 이 공간에 들어서면 국가가 아무리 미사여구로 전쟁을 미화해도, 개인에게 자신의 목숨은 우주의 무게보다 더 무겁다는 사실이 양어깨를 짓누른다.

이곳에는 주로 출격 직전에 부모나 가족에게 보낸 처절한 내용의 편지들을 모아 전시해 놓았다. 다시는 이런 일이 있어서는 안 된다며 평화를 기원한다는 의미에서, 지란특공평화회관이나 우사宇佐에 있는 우사시평화자료관宇佐市平和資料館에 평화라는 이름이 붙여졌다고 한다. 일본 사람들, 평화 좋아한다. 히로시마에 있는 원폭기념관에도 '평화'라는 글자가 들어가 히로시마 평화기념관(원폭 돔)이라 부른다. 언제나 그렇듯 인류 최초의 원자폭탄 희생자라는 코스프레도 빠뜨리지 않는다. 그리고 자살특공을 특공이라는 가치중립어로 분식하고 있다. 그들도 우리와 마찬가지로 국뽕은 어쩔 수 없나 보다.

기념관에서 보여 주는 30분짜리 영상물 앞에서 흐느끼는 사람도 제법 있었다. 모아 놓은 편지 중에서 부모님의 건강을 염려하는 편지, 천황폐하의 만세를 기원하는 편지, 사랑하는 아내와 자식을 걱정하는 편지 등을 신파조로 소개하는 장면에서 감정이 복받치지 않을 일본인은 없을 테니까. 이곳은 위령 시설도 아니고, 그렇다고 완전히 상업적인 다크투어리즘 공간도 아니고, 참으로 어정쩡한 현장이다. 그럼에도 보통의 일본인에게 국가에 대한 뭔가 뜨거운 감정을 불러일으킬 수 있으니, 이 기획은 성공하였다고 볼 수 있다. 하지만 외국인이, 더군다나 한국인이 이곳에서 느끼는 묘한 감정은 나의 필설로는 전달할 길이 없다. 우리는 어디를 가면 이런 식의 감정이입이 가능할까?

특공평화회관까지 갔으면 인근에 있는 지란무가주택知覽武家屋敷(지란 부시야시키)도 들러 보자. 이곳은 과거 무사들이 거주하던 곳으로 그들이 살았던 집이 그대로 보존되고 있으며, 아름다운 돌담과 생울타리도 남아 있어 '사쓰마의 작은 교토'라 불리는 곳이다. 이 일대는 국가 주요전

지란 부시야시키

통적건조물군보호구역重要傳統的建造物群保存地区으로 선정된 곳이며, 7개의 정원이 국가 명승名勝으로도 지정되어 있다. 기다랗게 이어진 도로 저편에서 에도 시대 사쓰마 무사가 걸어 나올 것만 같은 '타임 슬립'도 느껴질 정도라, 천천히 산책하면서 여행의 또 다른 묘미를 만끽할 수 있다. 과거 사쓰마번에서는 외성外城이라는 독특한 제도를 운영하고 있었다. 이곳 무가주택 역시 이러한 배경으로 탄생한 것이라 약간의 설명을 보태려 한다.

다이묘와 가신 간에는 쇼군과 다이묘 간과 마찬가지로 주종 관계가 존재한다. 이 주종 관계는 기본적으로 전시에 출진하고 평시에 공무원으로 봉사하는 가신들의 봉공奉公과 이에 상응하는 지행知行(토지) 및 봉록俸祿(급료) 지급이라는 다이묘의 어은御恩으로 성립된다. 가신 중에서 토지를 지급받아 직접 연공미를 수취하여 이를 바탕으로 자신과 자신의 가신단을 운영하는 가신을 지방지행地方知行이라 한다. 물론 일부를 다이묘에게 상납해야 함은 당연한 일이다. 이와는 달리 다이묘의 직할지에서 징수한 연공미의 일부를 급료의 형태로 지급받는 가신을 장미지행蔵米知行이라 하는데, 가신의 대부분은 이 같은 형태, 다시 말해 요즘의 샐러리맨처럼 봉공에 대해 금전이나 물질로 보상을 받는다. 지방의 소영주 대접을 받는 지방지행의 경우 대부분이 상급 가신이지만, 그렇다고 해서 이전 수호 다이묘나 전국 다이묘처럼 촌락 전체를 지배하는 경우는 드물다. 왜냐하면, 자신의 영지가 이곳저곳 흩어져 있거나, 촌락에 둘 이상의 지방지행이 징수하는 경우도 있었기 때문이다.

사쓰마번의 경우 장미지행의 비율이 극도로 낮았으며, 대신에 지방지행의 극단적 형태인 외성外城제도를 운영하였다. 이 제도가 도입된 데는 사쓰마번 인구 전체의 1/4가량이 무사일 정도로 다른 번에 비해 무사 계급의 비율이 극도로 높았기에, 무사 모두를 가고시마 성하촌에 입주시킬 수 없었던 까닭이 있었다. 실제로 사쓰마번에서는 전 영지에 110여 개의 외성을 두고 무사의 90%가량을 거주하도록 하였다. 이처럼 사쓰마번에 무사 계급이 많은 이유는, 16세기 후반 시마즈군軍이 규슈 전 지역의 석권을 목전에 두고 북규슈를 압박할 당시 다수의 타 지역 무사들이 여기에 합류하였지만, 도요토미 히데요시에게 시마즈군이 참패하였음에도 불구하고 이 무사들이 각자의 영지로 돌아가지 않고 시마즈가로 귀환하였기 때문이다. 이곳 지란 무가주택 역시 외성 제도의 산물이다. 물론 여기서 외성이란 단지 행정구역에 불과하며, 모든 외성에 성곽이 존재하는 것은 아니다. 외성에 정착한 무사들은 외성 주민들을 지배하고 외적을 방어하는 기능을 하였는데, 외적에는 막부도 포함되었다.

26
이부스키

　가고시마에 도착해 계속되는 사쓰마번이나 메이지 유신 이야기에 지쳤다면, 그 대안으로 몇몇 여행지를 소개하고자 한다. 이부스키指宿를 비롯해 에비노 고원えびの高原, 아오시마 도깨비 빨래판靑島 鬼の洗濯板까지는 렌터카나 대중교통을 이용하면 당일로 귀환할 수 있지만, 일정에 여유가 있다면 하루쯤 머물러도 좋은 곳들이다. 물론 이곳이 경유지가 되어 가고시마로 돌아오지 않고 다른 일정을 소화해도 좋다. 한편 배로 가야 하는 야쿠시마屋久島나 아마미오시마奄美大島는 가는 거리와 비용이 아까워서라도 이삼일 이상 머물 수밖에 없다.

　이부스키는 사쓰마 반도 최남단에 있는 도시로, 일반적으로 검은 모래 찜질로 유명한 곳이다. 물론 이부스키가 최종 목적지여서 모래 찜질에 온천욕 더 나아가 맛난 음식까지 곁들이고 골프도 즐길 계획이라면 내가 별다른 이야기를 늘어놓을 필요가 없다. 스스로의 계획하에 이부스키

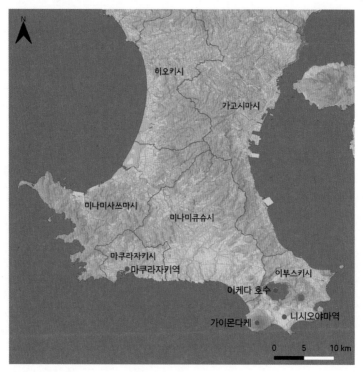

이부스키 지도

로 갔건 아니면 여행사의 주선으로 갔건, 이 정도 여행 일정이라면 일본 여행의 고수이고, 일본 어디라도 자신의 계획하에 즐기기 충분하다. 가고시마에서 이부스키로 갈려면 JR 이부스키·마쿠라자키선指宿枕崎線을 타고 이부스키역에 내리면 된다. 또 다른 방법은 렌터카를 이용해 이부스키 스카이라인指宿スカイライン이라는 유료도로를 이용하는 것이다. 이 도로는 긴코만 해안선과 평행하게 능선을 달리는 도로로, 도로 곳곳에 전망대가 마련되어 있어 사쿠라지마는 물론 긴코만에 연한 여러 다양한 풍광을 즐길 수 있다.

니시오야마역에서 본 가이몬다케

　이부스키 가까이 접어들면 높은 산 하나가 평지에 우뚝 서 있는데, 일본 100대 명산 중의 하나인 해발 924m의 가이몬다케開聞岳이다. 일본 100대 명산은 대개 해발 1,500m 이상 되는 데 비해, 가이몬다케는 1,000m도 채 되지 않는다. 하지만 균형감 있는 원추형의 산릉과 어느 방향에서도 조망이 가능하다는 점에서 사쓰마의 후지薩摩富士로 불릴 정도로 빼어난 경관을 지니고 있기에 100대 명산에 등재된 것이 아닌가 생각된다. 정상까지 등산도 가능하며 정상에는 분화구가 있다. 하지만 표고 0에서 1,000m가량을 오롯이 올라야 하니 만만치 않은 산행이 되는데, 왕복 5시간가량 소요된다. 정상에서는 일본에 조총이 전래되고 지금은 우

이케다호

주센터가 있는 다네가시마種子島와 일본 최초로 세계자연유산에 등재된 야쿠시마屋久島가 멀리 보인다. 인근에 있는 '플라워파크 가고시마'나 나가사키하나長崎鼻의 '파킹가든'에는 남국 특유의 식물이 펼쳐져 있어 이국적 풍광을 맛볼 수 있다. 나가사키하나는 사쓰마반도 최남단이며, 코를 의미하는 하나鼻는 바다로 돌출한 지형, 즉 곶을 의미한다.

가이몬다케 북쪽에 이케다 호수池田湖가 있는데, 직경 3.5km, 둘레 15km의 칼데라호이다. 규슈 최대의 호수이며, 수면은 해발 66m, 깊이가 233m나 되니 가장 깊은 곳은 해발 −167m가 되는 셈이다. 약 6,400년 전 화산폭발에 의한 함몰로 칼데라가 만들어졌고, 그곳에 빗물이 모이면

서 현재의 모습을 갖게 되었다. 1961년부터 이 호수에 거대한 생명체가 살고 있다는 소문이 돌기 시작했고, 스코틀랜드 네스호Loch Ness에 산다는 미확인 생명체 네시Nessie에 빗대어 잇시イッシー라고 불리고 있다. 특히 1978년에 주민 20여 명이 이를 목격했다고 신문에 보도되면서 전국적 유명세를 얻게 되었다. 이 호수에 살고 있는 이부스키시 천연기념물인 길이 2m에 이르는 오우나기オオウナギ(대뱀장어)가 그것 아닌가 이야기하지만, 아직까지 그 정체는 밝혀지지 않고 있다.

한편 이부스키·마쿠라자키선의 종착역인 마쿠라자키역枕崎駅은 일본 본토(모두가 섬인데도 홋카이도, 혼슈, 시코쿠, 규슈는 하나로 묶여 있다

마쿠라자키역

는 의미로 본토라 말한다) 최남단의 시발·종착역이다. 앙증맞은 규모의 역사도 인상적이지만, 여기서 아침 첫 기차(06:04 출발)를 타고 계속 기차여행을 하면서 홋카이도 최북단 왓카나이稚內까지 3,099.5km를 최단 시간으로 가면 얼마나 걸릴까가 늘 궁금했다. 얼마 전 일본 기차여행 앱에서 확인해 보니 하코다테에서 숙박한다면 1박 2일 만에 갈 수 있었다. 난 늘 이 기차여행과 더불어 도쿄항을 출발해 1,000km를 가야만 도착할 수 있는 오가사와라小笠原 제도까지의 항해를 꿈꾸고 있다.

27
에비노 고원

국내 등산 애호가들에게도 널리 알려져 있는 '가라쿠니다케韓国岳(한국악)'는 가고시마로부터 자동차로 80km, 1시간 반 정도의 거리에 있다. 가고시마역에서 닛포본선日豊本線을 타고 기리시마진구역霧島神宮駅에서 내려 버스로 가는 방법도 있으나 너무 불편해(하루에 2편), 렌터카를 이용하는 방법이 최상이다. 규슈에는 일본 100대 명산이 6개 있지만, 유독 가라쿠니다케가 우리에게 널리 알려져 있다. 아마 '한국'이라는 이름이 붙어 그렇기도 하겠지만 등반이 가장 쉽다는 이유도 있다. 렌터카를 이용해 후쿠오카에서 구마모토를 거쳐 가고시마를 향해 고속도로를 타고 내려오다가 중간에 들르거나 아니면 반대로 가고시마에서 후쿠오카로 귀환하는 과정에서 들려도 된다. 물론 가고시마에 머물면서 당일치기로 다녀올 수 있다. 하지만 시간이 허락한다면, 에비노 고원 국민숙사(에비노고겐소, 2021년 호텔 피코라나이 에비노고겐으로 리뉴얼)에서 하루

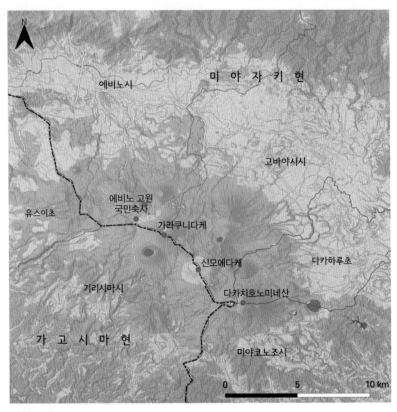

에비노 고원

묵으면서 느긋하게 등산과 산책 그리고 온천을 즐기는 것도 좋은 방법이다.

　기리시마산지는 미야자키현과 가고시마현의 경계에 위치한 크고 작은 20개 이상 되는 화산군을 총칭하는 것으로, 주변에는 분지들이 펼쳐져 있어 안개가 발생하기 쉬운 지역이다. 안개가 피어오르면 산의 정상부가 안개 위로 떠올라 마치 섬처럼 보인다고 하여 '안개 섬', 기리시마霧島라고 부르게 되었다고 한다. 에비노 고원은 해발 1,200m에 있는 고원

지대로 숙박시설과 편의시설 그리고 주차장이 갖추어져 있어 기리시마 산 등산의 베이스캠프에 해당하는 곳이다. 우리로 치자면 한라산 윗세오름 주변이나, 밀양 천황산 사자평 같이 탁 트인 고원의 장쾌한 풍광을 자아낸다. 굳이 등산을 하지 않더라도 규슈의 산악미를 즐긴다는 의미에서 한번은 찾을 만한 곳이다. 고속도로 에비노 IC에서 산악도로로 40분이면 오를 수 있다.

가라쿠니다케는 미야자키현 에비노시, 고바야시시, 가고시마현 기리시마시의 경계에 위치한 기리시마 봉우리 중에서 최고봉(1,700m)이다. 산 정상에서 '한국韓の国(가야를 가리킨다고 한다)'까지 내다볼 수 있다고 이런 이름이 붙었다고 하지만, 아무리 시야가 맑아도 각도나 거리로 따져 보면 보이지 않는다. 정상에서는 사방이 탁 트여 있고, 바로 아래에는 화구가 크고 비고가 낮은 화구호 안에 직경 630m에 달하는 오나미노이케大浪池가 보이며, 에비노 고원 등산로 입구 쪽에도 여러 개의 크고 작은 화구호가 있다. 오나미노이케의 외륜산은 지금부터 약 4만 년 전 화산 폭발로 만들어졌고, 외륜산의 표고는 1,412m, 오나미노이케의 수면 고도는 1,241m에 달한다.

에비노 고원 에코뮤지엄 센터 옆에서 이오잔硫黃山(유황산)으로 가는 산책길을 걷다 보면 가라쿠니다케 등산로 입구에 도착한다. 이오잔 등산로 주변의 억새가 이오잔에서 나오는 유황가스의 영향을 받아 적갈색(새우 색)으로 물들었다는 것이 에비노 고원의 에비海老(새우)라는 지명의 유래인데, 현재는 가스 분출도 없어지고 새우빛 억새 이삭도 볼 수 없다. 1시간 10분이면 정상에 도착할 수 있는데, 전망이 뛰어나고 대기가 맑은

⬆ 가라쿠니다케   ⬇ 에비노 고원 국민숙사

계절이면 북쪽으로 소바산祖母山이나 북서쪽으로는 운젠雲仙, 남쪽으로
는 야쿠시마屋久島까지 볼 수 있다. 여기서 올라온 길로 내려갈 수도 있
으나, 오나미이케 쪽으로 내려가 출발점으로 돌아가면 된다. 원점 복귀
코스는 왕복 2시간 40분, 오나미노다케를 거치면 3시간이면 등산을 마
칠 수 있다. 출발점과 정상 간의 표고차가 515m에 불과해 우리나라 주말
등산객에게는 쉬운 편이고, 초심자라 하더라도 무리한 산행이 아니니 꼭

한번 시도해 보기 바란다.

가라쿠니다케와 기리시마 화산군의 산릉 중에서 두 번째 높은 다카치호노미네高千穗峰(1,573m) 사이에 신모에다케新燃岳(1,421m)가 있다. 1959년 분화 이래 52년 만인 2011년 1월 27일에 대규모로 폭발하였으며 그 이후에도 계속 폭발하였는데, 가장 최근에 폭발한 것은 2018년이다. 폭발예고시스템에 따라 분화경계噴火警戒 레벨 3 이상이면 입산이 금지된다. 따라서 등산로의 상황에 유의해서 산에 올라야 한다. 한편 다카치호노미네는 일본 건국 신화와 관련하여 천신의 자손이 내려온天孫降臨 곳으로 알려져 있으며, 사카모토 료마가 아내お龍와 함께 올라간 산으로도 유명하다. 1866년 1월 그 유명한 삿초맹약薩長盟約 체결 직후 후시미 부교쇼伏見奉行所 포리들의 습격을 받은 료마가 구사일생 탈출해[이케다야 사건池田屋事件] 사쓰마번저에서 비호를 받다가, 3월 가로 고마쓰 다테와키의 권유로 아내와 함께 가고시마로 갔다. 치료를 위해 기리시마 온천에 갔으며 이후 다카치호노미네에도 올라갔는데, 호사가들은 이를 두고 일본 최초의 신혼여행이라 부르고 있다.

28
아오시마 도깨비 빨래판

골프 치는 사람들과 대화 중에 규슈 이야기가 나오면, 열 사람 중 여덟은 미야자키에서 골프 친 이야기를 한다. 나도 골프는 치지만 외국까지 가서 칠 정도로 열정적이지 않아, 그럴 땐 슬그머니 빠진다. 나에게 미야자키는 겨울철 일본이나 우리 프로야구단의 전지훈련 장소이고, 모조품이지만 이스터섬의 모아이 석상을 흉내낸 산멧세이치난サンメッセ日南이 있는 곳이며, 우리나라에서 볼 수 없는 지형인 도깨비 빨래판이 해안에 펼쳐진 곳이다. 물론 우리가 좋아하는 일본식 닭고기 요리로 타르타르소스를 듬뿍 얹은 치킨 난반チキン南蛮의 원조도 미야자키이다. 같은 위도지만 가고시마보다 미야자키가 겨울철에 더 온난하고 더 남국의 정서를 지니고 있다고 생각하는 건 나만의 착각일까? 아무튼, 겨울철 온화하여 피한을 겸해 여행하기 좋은 곳이다.

미야자키 공항에 내려 골프를 치지 않고 이곳을 여행하는 경우가 얼마

아오시마 도깨비 빨래판과 히사쓰센 산악철도 주변

나 될까? 특별한 여행 목적을 가진 이를 빼놓고는 그다지 많지 않을 것이다. 사실 아소 바로 남쪽의 다카치호 같은 미야자키 북쪽의 산악지역을 제외한다면 미야자키에 매력적인 관광명소가 그다지 많지 않은 것도 하나의 이유이다. 후쿠오카에서 출발해 규슈 JR 패스를 가지고 가고시마까지 왔다면, 귀환길에 미야자키로 향하는 기차여행을 제안한다. 가고시마 주오역에서 미야자키까지는 2시간 남짓이면 갈 수 있고 거기서 남쪽으로 이치난센日南線을 타면 미야자키 곳곳에 다다를 수 있다. 그중 가장 매

력적인 한 곳을 소개하면 바로 아오시마역青島駅에 내려 곧장 갈 수 있는 도깨비 빨래판鬼の洗濯板이라 불리는 해안지형이다. 어쩌면 미야자키 여행의 백미는 이곳이 아닌가 생각되는데, 귀신 빨래판보다는 도깨비 빨래판이라는 이름이 더 잘 어울린다.

요철이 반복되는 이곳 지형을 파식대라 부르는데, 형성되는 원리는 다음과 같다. 계절에 따른 유수량 변화로 거대한 호수에 모래와 진흙이 켜켜이 쌓인다. 이것이 침강하여 압력과 열을 받으면, 각각이 사암층과 이암층이 된다. 이후 융기하면서 파도에 의해 평탄화되는데, 이를 융기파식대라 한다. 이렇게 규칙적으로 쌓인 지층이 완만한 경사를 이루며 융

산멧세이치난

256

기할 경우, 약한 이암은 침식되고 단단한 사암이 남는 차별침식이 진행된다. 그 결과 요철이 생기면서 거대한 빨래판처럼 보이게 된다. 이 같은 지형 중 규모가 큰 것은 '케스타cuesta'라고 하며, 파리나 런던의 외곽을 원형으로 둘러싸고 있어 급경사 능선은 방어용으로도 활용된다.

한편 미야자키현 남부 해안에서는 구로시오 해류가 남서쪽에서 북동쪽으로, 동북부 해안에는 북에서 남으로 연안류가 흐르고 있다. 이들 조류에 의해 모래나 조개 껍질 알갱이 등이 융기파식대 위에 퇴적됨으로써 현재의 아오시마가 형성되었다. 도깨비 빨래판은 매우 희귀한 지형이라 하여 '아오시마 융기해상과 기형파식흔青島の隆起海床と奇形波蝕痕'으로 일본 천연기념물로 지정되어 있다. 아오시마까지 해상 잔도로 연결되어 있으니, 섬 구경도 하고 다리 위에서 도깨비 빨래판도 내려다볼 수 있다. 이 기회에 미야자키에서 1박을 하면서 새로운 일정을 소화하거나, 미야자키에서 다시 닛포본선日豊本線 기차로 벳푸를 거쳐 후쿠오카로 귀환하면 된다.

사실 가고시마에서 기차로 후쿠오카로 귀환한다면 규슈 최고의 산악철도인 히사쓰센肥薩線을 타라고 권하고 싶다(지금은 2020년 홍수로 운행 중단). 가고시마주오역에서 닛포본선을 타고 하야토역隼人駅에서 히사쓰센으로 갈아타고 요시마쓰역吉松駅과 히토요시역人吉駅을 지나 야쓰시로역八代駅까지 124.2km를 달리는 산악철도를 경험해 보는 것이다. 하야토역과 요시마쓰역 사이에는 1903년에 개업해 120년이 지났지만 옛 모습 그대로를 간직하고 있는 가레이가와역嘉例川駅이 명물이다. 이 역에 제법 길게 정차하니 오래된 역 구내와 각종 전시물을 구경할 수 있다.

도깨비 빨래판

다시 요시마쓰역과 히토요시역 사이의 내리막길에는 루프식과 스위치
백식이라는 독특한 형태의 철도가 부설되어 있는데, 오코바大畑역 부근
에 있다. 히토요시 방면에서 올라오는 기차는 오코바역을 지나 정차하고
후진한 후 다시 전진하면서 루프 구간을 통과하고는 요시마쓰역 방면으
로 향한다(그림의 파란색 화살표). 반대로 요시마쓰 방면에서 내려가던
기차는 루프 구간을 통과한 후 잠시 정차하고는 후진하여 오코바역을 지
나고 다시 전진하면서 스위치백 구간을 통과한 후 히토요시역 방면으로
내려간다(그림의 빨간색 화살표). 이 모두는 경사를 극복하기 위한 특별
한 철도시설들이다. 이 시설들은 추진력이 부족했던 증기기관차 시대의
유산이지만, 일본에서는 아직도 이용되고 있다. 우리나라에도 한때 강원

가레이가와역

도 나한정에서 통리 사이에 철제 로프로 객차를 끌어올리는 인클라인식 철로가 있었으나, 1963년 스위치백식으로 바뀌었다가 2012년 루프식 솔 안터널로 대치되었다.

한편 히토요시역과 야쓰시로역 사이는 일본 3대 급류의 하나인 구마가 와球磨川와 나란히 달리고 있어 천천히 급류를 구경하면서 기차여행이 나 자동차 여행을 즐길 수 있었다. 또한 규센도우역球泉洞駅 근처에는 총 연장 4,800m에 이르는 규슈 최고의 석회암 종류동인 규센 동굴球泉洞이 있어 관심 있는 사람은 내려서 견학을 할 수 있었다. 게다가 종착역 야쓰 시로에는 규슈신칸센이 정차하기 때문에 이를 타고 구마모토나 후쿠오 카로 쉽게 연결된다. 그러나 아쉽게도 2020년 대홍수로 야쓰시로와 히 토요시 사이의 교량이 파괴되어, 지금은 야쓰시로역과 요시마쓰역까지 87km의 운행이 중지되고 있다. 따라서 앞서 언급한 오코바역의 루프식

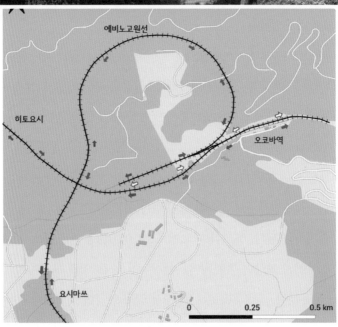

‡ 오코바역 부근의 루프식, 스위치백 복합구간

⁝ 오코바역 부근 열차의 진행 방향

히토요시 루프브리지(히가시 가와키타 부근 221번 회전식 도로)

과 스위치백 열차도 당분간 운행이 불가능하게 되었다. 매우 아쉽다. 이 아쉬움을 달래기 위해 이 역에서 드론으로 루프식과 스위치백 철도의 모습을 사진에 담았다.

2024년 1월 나와 공동저자인 탁한명 박사는 이 책에 실을 사진 중 몇 장의 아쉬운 사진을 보완하고 서술에 오류가 없는지 확인하기 위해 규슈 여행을 떠났다. 요즘 드론 촬영에 심취해 있는 탁한명 박사는 그간의 실력을 발휘해 가라쓰의 니지노마쓰바라의 모습을 한 장의 사진으로 담아 냈고, 드론이 아니면 담아낼 수 없는 나나쓰가마의 전경도 담아낼 수 있었다. 이후 사가 지코쿠강의 승개교, 에비노 고원의 가라쿠니다케, 하시마羽島의 사쓰마번 영국유학생기념관, 이부스키의 이케다 호수도 담아낼 수 있었다. 하지만 압권은 앞서 언급한 루프식과 스위치백이 혼재되어 있는 오코바역 부근의 사진과, 이곳에서 에비노 고원 가는 길에 기리시마산맥을 넘으면서 나타나는 회전식 도로(히토요시 루프브리지) 사진이었다. 기리시마산맥의 능선 중 하나가 구마모토현과 가고시마현의 경계를 이루고 있는데, 오코바역의 철도시설이나 회전식 도로 모두 구마모토현 쪽에서 기리시마산맥의 급경사를 오르기 위해 만들어졌다. 한편 가고시마현 쪽에서 기리시마산맥을 넘는 도로에도 회전식 도로가 설치되어 있다.

29
야쿠시마

이 책 원고를 쓰기 시작할 때는 야쿠시마屋久島와 함께 별도의 항목으로 오키나와 열도 중간쯤에 있는 아마미오시마奄美大島 그리고 더 남쪽에 있는 오키노에라부지마沖永良部島를 포함시킬 예정이었다. 그러나 야쿠시마까지는 일반 여행객이라도 가 볼 만하지만, 아마미오시마奄美大島나 오키노에라부지마라면 TV 오지여행 프로그램 정도는 되어야 소개될 법한 곳이라 생략했다. 우선 배편으로 가자면 10시간 이상 타야 하고, 비행기편도 있으나 비용이 만만치 않다. 게다가 좁은 섬이라 특별한 주제가 없다면 금방 식상해버리고 만다. 사실 오키노에라부지마는 가고시마보다는 오키나와에 더 가깝다. 나는 2018년 1월 이 책의 공동저자이자 뱃멀미가 너무 심한 탁한명 박사를 조르다시피(협박이라 하는 게 솔직한 심정) 해서 두 섬을 다녀왔다. 나에게 있어 두 섬의 공통점은 메이지 유신의 영웅인 사이고 다카모리가 두 번에 걸쳐 유배를 갔던 곳이라는 사실

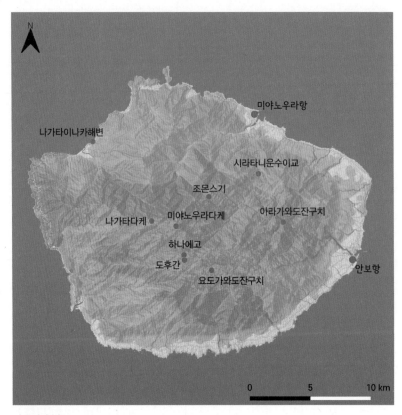

N

미야노우라항

나가타이나카해변

시라타니운수이교

조몬스기

나가타다케   미야노우라다케   아라가와도잔구치

하나에고

도후간

요도가와도잔구치   안보항

0   5   10 km

야쿠시마 지도

이다. 그는 1858년 첫 번째 유배로 아마미오시마에서 3년 가까이 머물렀고, 1862년 두 번째 유배로 오키노에라부지마에서 2년간 지냈다.

 야쿠시마는 오스미반도大隅半島의 최남단 사타미사키佐多岬에서 남쪽으로 약 60km가량 떨어져 있으며, 긴코만錦江湾 깊숙이 들어가 있는 가고시마 항구로부터는 직선 거리 100km가 조금 넘는다. 가고시마와 야쿠시마 사이에는 고속선과 페리가 다닌다. 고속선은 편도 2시간가량 소요되며 중간에 이부스키나 다네가시마에 경유하는 경우도 있다. 한편 페리는 4시간가량 소요되며, 차량을 적재할 수 있는 것도 있다. 한편, 야쿠시마에는 공항도 있어 후쿠오카와 야쿠시마 그리고 가고시마와 야쿠시마 사이에 항공편을 이용할 수도 있다. 섬 내에서는 일주도로를 따라 버스가 운행되며, 등산로 입구로 가는 별도의 버스도 있다. 택시도 있으며, 현지에서 렌터카를 이용할 수 있다. 하지만 전반적으로 교통이 불편한 곳이다.

야쿠시마는 동서 약 28km, 남북 24km 정도의 거의 원형에 가까운 작은 섬이지만 최고봉 미야노우라다케宮之浦岳가 1,936m에 이를 정도로 고도가 높아 '바다의 알프스'라고도 불린다. 야쿠시마의 면적은 504.29km²로 제주도의 30%에도 미치지 못하지만, 미야노우라다케의 높이는 한라산과 거의 비슷하다. 따라서 하천의 경사가 급해 깊은 계곡이 만들어져 있고, 대부분이 화강암이라 우리나라 화강암 산지에서 볼 수 있는 각종 미지형들이 펼쳐져 있다. 북위 33도 쯤에 위치한 제주도에 비해 3도나 낮은 북위 30도 부근(1도 위도에 약 110km의 거리 차가 난다)에 위치해 있어 연평균기온이 20℃에 육박한다. '한 달에 35일 비가 내린다'고 할 정도로 비가 많이 내리는데, 평지에서는 4,000~5,000mm, 산지에서는 8,000~12,000mm가 올 정도로 다우지역이다

아열대지역이라 본토에서 볼 수 없는 다양한 식생들이 분포하고 있고, 나가타이나카 해변永田いなか浜에 있는 바다거북 산란지(5월~7월경)도 유명하다, 하지만 험준한 산지와 깊은 계곡 덕분에 등산객들이 많이 찾는 곳이다. 1993년 일본 최초의 유네스코 세계자연유산으로 등재된 이후 특히 많은 등산객들이 방문하고 있다. 요도가와도잔구치淀川登山口에서

고반다케 도후간

출발해 규슈 최고봉 미야노우라다케와 제2위 나가타다케永田岳(1,886m)를 등정하고 나가타永田 마을로 내려오는 야쿠시마屋久島 남북 종단 코스는 이곳이 섬이라고는 생각되지 않을 정도로 깊고 험하며 또한 다양한 자연을 체험할 수 있다. 규슈 등산안내서 중 하나[九州の山(2013), 山と溪谷社編]에 소개된 또 다른 장거리 코스는 시라타니운수이교白谷雲水峽 – 조몬스기縄文杉 – 미야노우라다케 – 요도가와도잔구치로 모두 3박 4일 일정의 장거리 산행으로 산속에 있는 고야小屋(산막)에서 자야 한다. 고야는 모두 무인 피난처로 산행 도중 먹을 것을 구입할 곳이 없으니 모두 챙겨가야 하는 실로 험난한 산행길이다.

　미야노우라다케로 오를 수 있는 등산 입구는 모두 5개로, 다양한 등산

고산습원 하나에고 앞 필자

루트를 계획할 수 있다. 또한 수령 3,000년의 조몬스기까지만 가려면 아라가와도잔구치荒川登山口에서 출발해 당일치기로 가능하며, 고반다케高盤岳(1,711m) 정상의 도후간豆腐岩(두부바위)이나 고산습원 하나에고花之江河를 보기 위해서라면 요도가와도잔구치에서 당일치기도 가능하다. 그나마 짧고 쉬우면서도 높고 커다란 삼나무 숲과 깊은 계곡미를 간직한 야쿠시마의 진면목을 보려면 시라타니운수이교白谷雲水峡만을 보아도 좋다. 그 외에 다추다케太忠岳(1497m), 아이코다케愛子岳(1235m) 못초무다케モッチョム岳(940m) 등 다양한 당일치기 등산로도 마련되어 있다. 필자도 2010년 3월에 혼자서 그리고 2011년 11월에 친구와 둘이서 다녀온 바 있다. 처음에는 시라타니운수이교와 조몬스기를 보는 것만

조몬스기 앞 필자

으로 만족했고, 두 번째는 꼭 미야노우라다케를 오르겠다고 큰 각오를 했었으나, 일기 불순으로 중도에 포기하고 말았다.

해양 도서라 다양한 해산물 먹거리가 나지만, 야쿠시마 특산의 해산물은 뭐니 뭐니 해도 도비우어飛漁(날치)다. 가슴지느러미가 날개처럼 커다랗고, 위협을 느끼면 물 밖으로 튀어나와 달아나는 모습이 마치 날아가는 듯 보인다 하여 '날치'라는 이름이 붙었다고 한다. 이 날치를 가지고

268

온갖 요리를 만들어 낸다. 날치회, 날치구이는 기본이고, 날치 어묵, 날치 라면 등 날치에 관한 모든 것을 만날 수 있다. 첫 번째 야쿠시마 여행에서 우연히 겐이치堅一 씨라는 야쿠시마 산림관리관을 만나 이자카야에서 밤늦게까지 통음한 적이 있다. 그는 아침 일찍 출근길에 내 숙소에 들러 자신이 찍은 야쿠시마 사진이라면서 CD에 담아 주셨다. 그중 두 장을 합성하여 그분과의 추억과 감사의 마음을 담아 이 책에 게재한다. 사진에 보이는 암괴 지형은 우리나라 화강암 산지에서 볼 수 있는 것과 유사하다.

미야노우라다케

맺음말

애초에 이 책은 공동저자인 손일 교수님과 김성환 교수님의 기획이었다. 두 분은 2010년부터 매년 한두 차례 함께 규슈를 답사하며, 규슈에 관한 책을 기획하고 있었다. 그러나 마음먹은 대로 되는 것이 인생에서 얼마나 되겠는가. 시간은 흘렀지만 좀처럼 결과물이 나오지 않았다. 목마른 이가 우물을 판다고, 2023년 후반기 『메이지 유신의 선봉: 사쓰마와 시마즈 히사미쓰』(푸른길) 출판을 끝낸 손일 교수님께서 원고 집필에 들어가셨다. 그리고 뜻밖에도 나에게 저자로 참여하라는 제안을 하시며, 2024년 1월에 초고를 보내오셨다.

3명의 저자가 역할을 분담하기로 하였고, 나는 편집 과정에서 출판사와 교신하고 지도를 맡아 그리게 되었다. 그리고 1차 조판이 끝난 후 글을 교정하는 과정에서 맺음말을 추가로 맡게 되었다. 나 역시 처음 간 일본 여행이 후쿠오카, 히라오다이, 아소를 비롯한 규슈 북부였으며, 개인적인 답사와 여행도 여러 차례 다녀온 곳이었다. 최근에는 규슈 여행 안내도 몇 번 했지만, 공동저자 두 분이 가진 경험과 정보에 비해 턱없이 부족하다고 느끼고 있었기에 내가 이 후기를 쓰는 것이 적합한지는 지금까지 의문이다.

편집 과정에서 처음 한 일은 원고의 내용에 따라 여행과 답사를 하며 찍었던 수많은 사진을 공유하며 필요한 사진들을 정리하는 것이었다. 지리학 전공자인 저자들은 비전공자와 다른 시각으로 새로운 사진을 찍기도 하지만, 누구나 찍는 사진은 찍지 않는다는 함정이 있었다. 결국 필요한 사진들을 구하기 위해 1월 말 손일 교수님과 나는 4박 5일의 일정으로 규슈를 답사하며, 모자라거나 필요한 사진들을 촬영하였다. 사진이 필요한 지점의 리스트를 만들어 효율적으로 일정을 진행한 덕분에 이 책에는 1월 여행에서 추가로 촬영한 사진들이 여러 장 포함되었다.

1월 여행 이후 많은 사진이 제자리를 잡았지만 몇몇 사진은 부족했고, 어떤 사진은 마음에 들지 않았다. 다시 규슈를 다녀와야 하나 고민을 하였으나 현실적으로 불가능해 과감하게 도움을 청했다. 가라쓰 버거 사진은 대전 지하철공사에 재직하면서 일본 소도시 여행을 즐겨하는 친구 정석완에게 요청하여 받을 수 있었다. 조자바루의 다데와라 습지와 목도 사진은 후쿠오카에서 여행사업을 하시는 곽진희 사장님께서 제공해 주셨다.

한다 고원과 세노모토 레스트하우스는 마땅한 사진이 없어 고민하던 중 홈페이지(https://rest.senomoto.com)에서 마음에 드는 사진을 발견한 손일 교수님께서 사진의 사용 허가를 받아보자는 의견을 내셨다. 직접 전화를 해 보는 것이 좋을 것 같아 쓰쿠바 대학에서 근무하고 있는 양자연 박사님에게 도움을 청했다. 며칠 후 세노모토 레스트하우스를 알리는 데 도움이 되는 일이기에 흔쾌히 사용을 허가한다는 연락을 받았다. 감사한 마음으로 출처를 표기하고 사진을 책에 싣게 되었다. 도움을 주신 분들에게 다시 한번 감사의 마음을 전한다.

처음 원고를 읽었을 때, 글이 규슈 곳곳으로 나를 끌고 다닌다는 느낌을 받았다. 규슈를 수차례 답사하고 여행했지만 이 글의 공간적 범위가 쉽게 떠오르지 않았다. 시험적으로 몇 개의 장에서 언급하는 주요한 지점을 지도로 그려보았다. 시·공간을 오가는 필자 특유의 글쓰기는 하나의 장에서 좁게는 2~3개 도시, 넓을 때는 3~4개 현을 다루기에 공간적 분포를 보여주고 이해를 돕기 위한 지도가 필수적이라 생각했다. 그리고 각 장에 해당 지역의 지도를 넣기로 했다.

학부 시절부터 학위 과정을 거치며 지금까지 수많은 지도들을 그려왔던 터라 어렵지 않게 지도를 제작할 수 있을 거라 생각했지만, 출판을 코앞에 둔 지금까지도 지도를 수정하고 있다.

지도는 정보 전달의 도구이지만, 예술적인 심미성도 중요한 구성요소이다. 지금까지 논문이나 보고서에 사용되는 지도를 그려왔던 나에게 독자를 대상으로 그려야 하는 지도는 또 다른 세계였다. 자신 있게 그렸던 첫 지도는 베이스맵, 폰트의 종류, 글자의 크기, 컬러의 구성, 범례의 위치까지 한 가지도 출판사를 만족시키지 못했다. 여행서에 필요한 지도란 무엇인지 고민하면서 편집자 이선주 씨와 의견을 주고받으며 수차례 지도를 다시 그렸다.

출판사의 의견에 맞춘 지도를 샘플로 만들어 보내고, 김성환 교수님과 오랜만에 통화를 하면서 문제를 상의했다. 김성환 교수님의 의견은 단호했다. 푸른길 김선기 사장님은 중, 고등학교 지리부도를 편집, 발행하신 분이라며 출판사의 의견을 100% 따르라고 하였다. 내심 섭섭한 마음이 들 법도 했는데, 순간 머리에 가득 차 있던 번잡스러운 생각과 심난했던 마음이 사라졌다. 전해 들었던 출판계의 중요한 원칙이 떠올랐다. '애매하면 출판사와 편집자의 의견을 따르라.' 어렵사리 만든 지도가 독자들에게 규슈 각 지역의 공간적 관계를 파악하고 내용을 이해하는 데 도움이 되길 바란다.

3~4페이지에 불과한 후기를 쓰는 데 한 달 가까운 시간이 소요되었고, 그중 3분의 2는 하얀 모니터 화면에서 커서만 깜박이는 시간이었다. 대학원에 진학해 처음 논문의 초고를 작성해 교수님께 제출한 후 추석 연휴 기간 고향 집에 다녀왔다. 연휴가 지난 후 교수님께서 넘겨주신 원고는 A4 용지에 빈틈이 보이지 않을 정도로 많은 빨간색 수정 지시가 적혀 있었다. 이후 학위 과정에서 이러한 일은 수차례 반복되었다. 교수님의 교정을 받을 때마다 글이 달라진다는 것은 체감했지만, 수정 의견이 빼곡한 원고를 받을 때마다 드는 민망함은 사라지지 않았다. 그때의 훈련이 있었음에도 지금까지 글쓰기는 쉽지 않다.

고통 속에서도 글을 쓸 수 있는 것은 결과물이 주는 만족감이 대단하기 때문일 것이다. 특히, 표지에 자신의 이름이 적힌 단행본을 출간해 본 사람은 그 성취감을 잊을 수 없다. 결국 출간한 도서의 실물을 처음 맞이했을 때의 성취감과 쾌감이 고통스러운 저술과 편집의 과정을 버티는 힘이 되는 것이고, 이를 한번 경험한 사람은 글쓰기를 지속할 수 있다고 생각한다. 이후 대중의 평가라는 냉혹한 현실이 남아 있지만 이건 별개의 문제이다.

책을 쓰는 또 하나의 이유는 '가족'이다. "논문은 나를 위해 쓰는 것이고, 책은 가족을 위해 쓰는 것이다"라는 말을 들은 적이 있다. 연구자로서 논문은 자신의 업적, 연구사업 등을 위해 쓰는 것이고, 그 결과물을 가족과 함께 공유하기란 쉽지 않다. 반면, 책은 머리를 싸매고 연구실과 골방에 틀어박혀 주중, 주말을 가리지 않고 원고를 쓰는 사람이 그간 눈치 보며 뒷받침해준 가족에게 자신 있게 내놓을 수 있는 결과물이다. 글을 쓰는 동안 함께하지 못한 시간적 보상과 글이 잘 써지지 않을 때 가족에게 돌아가는 예민한 감정의 말과 행동들을, 책이라는 결과물이 어느 정도 상쇄시킬 수 있다고 본다. 도서관이나 서점에서 내 책을 발견하면 항상 찍어서 보내는 아내를 생각하면 내 견해가 틀린 것 같지 않고, 더불어 다음 책을 쓸 자신감도 얻게 된다.

이 책을 썼다고 해서 규슈를 더는 안 가게 될 것이라 생각하지 않는다. 책이 호평을 받는다면 수정과 보완을 위해 보다 자주 다닐 수도 있을 것이다. 하지만 하나의 주제를 마무리하면 관심과 열정이 예전과 같지 않은 것은 당연하다. 9세기 구카이空海 대사가 수행했던 88개 절을 따라 순례하는 시코쿠 순례길을 한국인이 많이 찾는다는 기사를 보며 시코쿠四國를 마음에 두기도 하고, 애초에 관심을 가졌던 홋카이도北海道는 어떨까 고민하기도 한다. 최근에는 규슈와 인접해 있으면서 아키요시다이秋 芳台나 해안사구와 같은 지형과 역사적 이야깃거리가 많은 야마구치, 히로시마, 오카야마, 시마네, 돗토리를 포함하는 주고쿠中國 지역이 현실적으로 제일 적합하지 않을까 생각하며 후보군에 올려놓고 있다. 나의 스승님이자 공동저자이신 손일 교수님께서 자신에게 한번 권하지도 않고 일본 여행을 다니는 내가 살짝 서운하신 모양이다. 이번에는 먼저 전화를 드려 다음 여행을 제안해 봐야겠다.

2024년 6월

탁한명

지리학자 3인의 규슈 이야기

규슈, 이런 여행

초판 1쇄 발행 2024년 7월 26일

지은이 손 일·김성환·탁한명

펴낸이   김선기
편집주간 조도희
편집   이선주
디자인   조정이
펴낸곳   (주)푸른길
출판등록 1996년 4월 12일 제16-1292호
주소   (08377) 서울시 구로구 디지털로 33길 48 대륭포스트타워 7차 1008호
전화   02-523-2907, 6942-9570~2
팩스   02-523-2951
이메일   purungilbook@naver.com
홈페이지 www.purungil.co.kr

ⓒ 손일·김성환·탁한명, 2024

ISBN   979-11-7267-013-9 03910